中原大學・大師系列

Chung Yuan Christian University · Masterpieces Series

David J. A. Clines on Psalms

中原大學·大師系列 2

克萊斯論詩篇

克萊斯 著／吳致瑩、陳永財、謝樂知 譯

▼

中原大學．大師系列

克萊斯論詩篇

David J. A. Clines on Psalms

作者
克萊斯
David J. A. Clines

系列策劃
曾慶豹

翻譯
吳致瑩、陳永財、謝樂知

執行編輯
吳國雄

裝幀設計
奇文雲海

■

出版／發行
基道出版社
香港沙田火炭坳背灣街26號富騰工業中心1011室
LOGOS PUBLISHERS
Unit 1011, Fo Tan Ind. Centre, 26 Au Pui Wan St., Shatin, Hong Kong
電話：(852) 2687-0331　傳真：(852) 2687-0281
網址：http://www.logos.com.hk

承印
海洋印務有限公司

●

1/2008 初版
Cat. No. LP166
ISBN: 978-962-457-347-3
此系列叢書之出版在中原大學特色研究領域計劃中進行

刷次	10	9	8	7	6	5	4	3	2	1
年份	2017	2016	2015	2014	2013	2012	2011	2010	2009	2008

總序

中原大學為一所具基督教精神的大學，在宗教研究領域方面朝以基督教學術研究為主。我們除了出版國際學術期刊和主辦國際學術會議，近年來又以中原大學名義邀請歐美著名學者相繼到訪，包括神學家、聖經學家、哲學家、社會學家等等，與我們分享了他們的智慧與思想，拉近了我們的距離，也把我們帶到世界的舞台。

本系列叢書之構想，主要是集結大師的精要論著和小篇幅的作品予以出版，且輔以簡略地介紹大師的專文，讓讀者可以在文本的世界裏繼續與大師會晤，走進大師，走向他們平易近人的思想世界。

本叢書為中原大學宗教研究所和香港基道出版社合作出版，我們願與各位分享大師的智慧，並誠懇地邀請諸位，一同參與大師的文字饗宴。

曾慶豹

致中文讀者

詩篇對我而言，無論是在情感上，或是在學術工作上，一向都佔有它重要的地位。過去二十五年來，我經常開設詩篇的課程，教授二年級的學生，詩篇成了所有這些學生們解經道路上的第一步。相對而言，文集中的文章則是從課堂中，以及為這課堂所預備的材料中獲得了生命。能與學生互動，特別是那些初學的學生，對我而言，這是十分難能可貴的經驗。當他們第一次接觸這奇特文本的時候，文本是那樣的吸引人，但卻又在語言、風格和概念上迴異於我們所身處的世界。我參與在這過程中，觀看著他們，也幫助他們，我希望他們能夠學會欣賞那些最佳的詩篇，懂得去體會詩的深度、情感、詩意，以及它的魅力，但卻不至於將它全然的納入到當代的靈性關懷之中，或是將它馴化使之失去其異質性。的確，詩篇被用於教會崇拜已有超過兩千年的歷史，但我卻要透過細節和例證指出一明顯的事實：詩篇並非基督教的文學，而是一種開放性，一種令人崇尚且深具智慧的抵抗，抵抗著人性的軟弱以及人性的過失。

我先前從未想到要將詩篇相關的文章彙整起來，這個提案來自於香港和台灣的朋友們。對此我欣然表示同意，同時也要表達我個人誠摯的感謝，不單是為這提案感謝，也為這計畫能夠在如此短暫的時間內完成，並將我本人那些帶有個人烙印的以及艱深的英文書寫翻譯成中文表示感謝。我要感謝香港崇基學院的希伯來聖經學教授謝品然，中原大學的新約學教授謝品彰以及基督教哲學教授曾慶豹。感謝他們使這部作品成為可能。

克萊斯

二〇〇七年十一月二十五日

前言

克萊斯（David J. A. Clines）教授是我們景仰的一位希伯來聖經（舊約）專家學者，據知，身邊熟知的幾位華人到英國謝菲爾德大學攻讀博士學位，即受教於他門下。

借助於謝品然博士的引介，能夠獲得克萊斯教授的首肯，安排到訪香港、台灣兩地。二〇〇五年十一月，我們在美國華盛頓的會議中碰面，確定了所有的行程，希望他亞洲之行可以就他最為專長的部份：智慧文學，有所發揮。二〇〇七年三月，克萊斯教授先在香港主持了中文大學的「傳經講座」，主講「約伯記」；之後在台灣中原大學所舉辦的「解一經：聖經經文的詮釋與釋義」國際學術會議上，克萊斯教授擔任主題講員，主講「詩篇」。

克萊斯教授與夫人馬愷（Heather A. McKay）教授在台灣活動期間，我們有許多良好的交流機會，他們夫婦非常誠懇地給予了我們在編輯國際學術期刊和發展宗教研究所多方面的寶貴協助和建議。借助於克萊斯教授在英國主持聖經文學系，成立出版社以出版學術叢書系列，以及編輯聖經期刊等經驗，他對我們有許多期許，我們聽取了他的指導和勸勉，希望能夠在華人學術圈之中做出一些成績來。感謝克萊斯教授與馬愷教授對我們的支持和愛護。

克萊斯教授夫婦對於在台灣短短幾天的生活感到相當愉快，儘管在條件相對不足的情況之下，我們總感到有許多招待不周之處。在一次酒足飯飽的餐後，克萊斯教授忽然興致，提到考慮捐出部分藏書給我們，聽後令我們興奮不已，真是受寵若驚。且不管將來他是否信守承諾，單就他曾經說出這句話，就足以見證我們之間的友誼，我們心中相信，他說要捐出部分藏書之事絕非一句醉話。但是，我們念茲在茲的，還不是贈書一事，心中由衷期待的是他能盡快的完成八卷本《古典希伯來文字典》（*The Dictionary of Classical Hebrew*）的最後兩卷，以及三卷本約伯記註釋的另一卷，這將是他學術生涯的另一個高峰。

曾慶豹

作者簡介

克萊斯是英國著名謝菲爾德（University of Sheffield）大學聖經學系榮譽教授，曾任該系主任至二〇〇一年，在其積極而活躍的領導下，把謝菲爾德大學的聖經學系和出版社發展為譽滿全球的聖經學學術重鎮，特別是從早期的 JSOT 出版社，發展成強大的謝菲爾德學術出版社（Sheffield Academic Press），對聖經學的學術發展所做出的貢獻有目共睹。該社自一九七八年出版了《舊約學期刊》（*Journal for the Study of the Old Testament*）、《新約學期刊》（*Journal for the Study of the New Testament*）及多種新舊約專著之後，為當時枯悶的聖經學注入嶄新的動力並迅速在聖經學界奠定了其主導的地位，於八、九十年代吸引大批年青博士生前往就讀，為日後的聖經學培育英才。

《我、他、我們和他們：以賽亞書五十三章的文學解讀》(*I, He, We and They: A Literary Approach to Isaiah 53*, 1976)以及《五經主題》(*The Theme of the Pentateuch*, 1978, 1997 [2nd edn])乃克萊斯早期的成名著作,之後的著作包括:《夏娃提供些甚麼協助?》(*What Does Eve Do to Help?*, 1990)、與埃克斯梅(J. Cheryl Exum)合編的《新文學批評與希伯來聖經》(*The New Literary Criticism and the Hebrew Bible*, 1993)、《利益各方:舊約作者和讀者的意識形態》(*Interested Parties: The Ideology of Writers and Readers of the Old Testament*, 1995)、《聖經與現代世界》(*The Bible and the Modern World*, 1997),以及近年較為膾炙人口,以近二十年研究並完成書寫的註釋書 Word Biblical Commentary 系列中的《約伯記:一至二十章》(1990)、《約伯記:二十一至三十七章》(2006)、《約伯記:三十八至四十二章》(2008)和尚未完成的《古典希伯來文字典》(第一至六冊,1993~2007)。克萊斯教授至今已經發表專文近三百篇及出版書籍逾四十種,於一九九八年出版的《通往後現代之路:舊約文獻,一九六七至一九九八年》(*On the Way to the Postmodern: Old Testament Essays*, 1967~1998)不僅收集了其三十年來對希伯來聖經學研究的心得,並為其獨特的文本解釋方法尋獲其名,也見證了現代聖經學近三十年來活潑而持續的發展。

克萊斯教授的聖經學研究，主要環繞著對希伯來聖經文本的種種解讀和詮釋，特別是對文本解讀理論的應用，從傳統的歷史文字考據到新文學批評理論，他常以獨特的普通邏輯思維指出學界對文本理解的盲點，並大膽地挑戰傳統的解釋，為聖經文本提出新而有力及有趣的問題意識，並進而以嚴謹的學術分析和研究提供其獨到的解釋，其成果往往為讀者及與會聽眾帶來耳目一新和意想不到的收穫，而克萊斯的詩篇解讀，是其應用文學解讀理論於舊約文本的代表著作之一。

謝品然*

* 謝品然，香港中文大學文化與宗教研究系崇基神學院希伯來聖經教授。

克萊斯教授偕夫人馬愷教授攝於中原大學宗教研究所

克萊斯教授二〇〇七年於中原大學國際學術研討會上攝

左起：曾慶豹博士、謝品彰博士、克萊斯教授、謝品然博士

拜會中原大學程萬里校長

目錄

1

詩篇的意識形態*

謝樂知 譯

* 本文於二〇〇七年三月二十二日講於中原大學「解—經：聖經經文的詮釋和釋義」國際學術研討會上。

本研討會的主題是讀經的各種不同詮釋學方法，因此本篇論文將針對一特定的意識形態批判（ideological criticism，編按：criticism 一語，於本書中或譯作「批評」）來探索其不同可能性，並將它應用於一篇較長的文本——詩篇。我的第二篇論文〔即本書第2章〕則會討論許多當代詮釋學方法，並將這些方法應用於一篇長度相對較短的文本——詩篇二十三篇。

我會先解釋我所理解的「意識形態」為何，同時也會解釋這批判法與其他既存的方法有何相關。我認為當代詮釋方法可區分為四種不同的進路：歷史的（historical）、文學的（literary）、結構式的（structuralist）、意識形態的。

一　四種詮釋學進路

歷史批判的進路，是最早的聖經批判法，起源於文藝復興時期，在十九世紀時獲得充分的開展，其崛起也就是聖經批判的濫觴。驅使其發展的動力，是要發崛聖經傳統的根源，是要尋找聖經經卷的起源，是要重構經卷的歷史脈絡，是要確立經卷的真確性（authenticity），或者確立當中所包含的史實。此歷史批判法（historical criticism），至今仍是聖經批判中最常見的一種批判法（就我的理解，聖經批判包括了鑑別學批判〔textual criticism〕、來源批判〔source criticism〕、社會科學批判〔social-scientific criticism〕、以及新歷史主義〔New Historicism〕）。部分採取此歷史批判法的人，似乎未察覺到還有其他閱讀方式為他們開放著。

當代批判法的第二種進路我認為是文學的。英美思潮是它的主要來源，特別是一九二〇年代到一九六〇年代間的新批判（new criticism）（然而我察覺到某些影響也源自歐陸「文學的藝術作品」〔literary work of art，Roman Ingarden 的觀念〕）。這個進路包括了修辭學批判（rhetorical criticism）、形式主義（formalism）、精讀（close reading)、讀者反應判批(reader-response criticism)、接受批判(reception criticism)、以及互文性(intertextuality)。

我所區分出來的第三種進路是結構式的。它的基礎來自於索緒爾(Ferdinand de Saussure)對語言的共時性(synchronic)所做的研究。索諸爾的研究脫離了傳統的歷史語言學(historical-critical philology)。傳統歷史語言學關注的是字的起源以及字隨著歷史演變的法則。對索諸爾而言,語言是一個系統,存在於特定的時間點,語言並不是一連串跨越時序的事件。結構式進路包括了敍事結構主義(narrative structuralism)、扮演式分析(actantial analysis)、敍事學(narratology)、原型批判(archetypal criticism,由 Northrop Frye 所提出),也包括之後,處於嶄新、修正階段的後結構主義(poststructuralism),強調文本的不確定性以及對其解構式的閱讀(on deconstruction)。

第四種進路是意識形態的。女性主義批判(feminist criticism)是第一個也是最具代表性的意識形態批判。它是第一個站在聖經文本之外的批判法,也是第一個以不同於聖經的觀點來閱讀聖經的批判法。這觀點的內容是:女性主義者發現在文化的進程中,女性已被男性邊緣化,被排除於有權勢及影響力的社會地位之外，同時也被排除於符號的生產過程（指的是符號系統的創生，如文本的創作）；因此，女性主義文學批判的目的，是要來了解並揭示文本以各種策略（strategies）將從屬（subordination）書寫於其內，以及文本如何正當化（justified）女性的從屬地位。與女性主義批判相似的意識形態批判法包括性別批判（gender criticism）、唯物批判（materialist criticism）、後殖民批判（post-colonial criticism）、文化批判（cultural criticism）、自傳批判（autobiographical criticism）、心理批判（psychological criticism）。

我要多花點時間強調後三種批判進路全都是非歷史的（ahistorical）。文學批判視文本為連貫可理解的整體，文本在作者之外有它一定程度的自主性，透過不同的元素間的整合，文本創造出自身的意義，而不單單只是資料的堆砌。結構批判以摒棄歷史做為綱領，認為文本是人類思維深層結構的展現，這深層結構在人類的歷史過程中幾乎未曾變動過。

意識形態批判有時也具歷史向度。當它在探索文本創作的意識形態動力時，它會展現出某種歷史向度。但其餘的，也就是我上述所論到的那些意識形態批判當中較具有本質性的，就相對來說比較不重視歷史，而比較重視文本當下所具有的意識形態要素。雖然聖經批判的主流仍舊是歷史批判（正如我先前所說的），但當今大多數的詮釋學方法都是非歷史的（ahistorical），而且或多或少都是反歷史的（anti-historical）。

二　意識形態批判與詩篇

論文中的「意識形態批判」，並不包含所有與文本意識形態內容有關的批判法（如女性主義批判、後殖民批判等）。相反的，「意識形態批判」指的是採取中立立場（neutral）或無關涉立場（non-committed）的文本批判法（或者，是採取當代文化的立場——如果這批判法成為評價性的話〔evaluative〕）。

所有意識形態批判的出發點都位在文本之外，並以隸屬那出發點的觀點（perspective）去對文本進行分析和評價，不管它是女性主義的、心理學的、或是後殖民理論。定義女性主義批判或心理學批判的出發點並不容易，但我所謂的中立、無關涉的出發點，可能比這來的更難理解。但中立、無關涉不過是要表達傳統學術中的客觀性。

如果意識形態批判法要更具評價性，那麼我的出發點將是一組信念和價值，這組信念價值是西方世界和西方化世界認為理所當然的，同時也是自由的、陶冶的和文明的。我們對這組信念所下的任何判斷，其中必有不少自欺的成分；這組信念的精確意義為何，其中也必存有爭辯的空間。但就我而言，這組信念就是人文主義的價值和信念，諸如：個體自主（personal autonomy）及自我實現（self-determination）、思想和言論的自由、寬容、遠離殘暴、社羣的責任感（communal responsibility）、對環境的尊重。

一旦採取中立性（neutrality）或人文主義價值（humanistic values）做為意識形態出發點，並以此觀點閱讀詩篇，那麼，我們將會進到一非常不同的詮釋學領域（enterprise），這與過去幾世紀以來，詩篇讀者們（無論是猶太人也好是基督徒也好）所經歷的大有不同。因為他們都是詩篇神學的信仰者，大都毫無批判的接受了詩篇的意識形態。換言之，詩篇如何設想與談論世界、人類在世界中的生活、上帝，這大多都被他們毫無疑問地接受下來。

我所採取的觀點，不是宗教人的觀點也不是信仰者的觀點，但我不會因此對這些觀點採取敵意。對於那些不會自動俯首於詩篇的人來說，詩篇就像其他文本一樣，是可理解的，甚或是吸引人的。我們有充分理由相信，學者們有權利也有責任，不以特定宗教立場或哲學立場去檢視詩篇。我盼望我的立場會是任何當代文化中具有善意的人（persons of good will），都願意表示贊同的立場。我盼望我的立場會是包容的立場，不會排斥任何特定的羣體，我盼望它是本質上不具爭議性的立場（essentially non-contentious）。我認為這種立場適合於世俗大學；世俗大學是我立身之處，它的理念是我所引以為傲的。

我希望透過這篇論文，以一種批判性的態度，描繪出詩篇所具有的重要的意識形態原則，並突顯出某些我個人認為是與當代人文意識形態相衝突的意識形態。附帶説明一點，我之所以用「意識形態」而不用「神學」一詞的理由在於，我所關心的並不僅限於與上帝相關的概念，我所關心還包括像人際關係等等，這類事物嚴格説來，並不能稱為是「神學的」。

如先前所言，意識形態批判可以是描述性的，也可以是評價性的；意識形態批判的力度和挑戰來自於評價性的面向。我贊同評價性批判所帶來的好處，我個人且不斷主張，完備的聖經批判應當從單純的「詮釋」進到「評價」的層次。然而，我在這篇論文裏做了自我限制，我將只做描述的工作，原因是，我認為事實多多少少會替自己說話，另外的原因則是，我十分盼望能夠聽到其他與會者給予我的回應。

三　人類世界的意識形態

A. 善惡的兩極化

詩人利用政治修辭——一種你我都十分熟悉的語言——將人分成善人和惡人，兩極中沒有任何灰色的地帶。詩篇一篇就以這善惡之分做為基礎思想。一方是蒙上帝祝福的人，他們喜愛上帝的律法，像一棵樹栽在溪水旁；另一方則是惡人／罪人／褻慢人，他們像糠秕被風吹散，審判的時候他們必站立不住，他們的道路必要滅亡。

詩篇二篇雖然沒有使用「義人」和「惡人」這兩個詞彙。但同樣存在著二元對立，耶和華的受膏者是善的一方，世上的君王和人君則是惡的一方，他們敵擋耶和華並祂的受膏者，他們被耶和華所責備，也被耶和華所驚嚇，耶和華警告他們要順從祂對政治秩序的安排。

詩篇三篇，詩人站在善的一方；他求告上帝，上帝也回應了他；他可以安然的躺下，因耶和華扶持他。另一方則是成萬的敵人，他們攻擊詩人，嘲笑詩人。耶和華將擊打他們的腮骨，敲碎他們的牙齒。

幾乎沒有詩篇認為義人和惡人間的清楚界線是不重要的。詩篇七篇，詩人表示自己有犯錯的可能性，或以惡報友，或無故掠奪敵人，**但他並不認為自己真做過這些（錯）事**。假若他真做過，那麼他就是在自我咒詛，仇敵必因此追趕上他，將他的性命踏在地下。

人一旦淪為惡人，恐怕就再也改變不了這事實；這似乎是一永久狀態。「惡人一出母胎就與上帝疏遠，一離母腹便走錯路」（五十八 3）。惡人一路惡到底，永不改變。詩篇只有兩次提到悔改（七 12，七十八 34），悔改的都是犯罪的義人，惡人是無法悔改的。

義人的狀況並**不完全對稱**於惡人的狀況。惡人中沒有善，但義人中卻未必沒有惡（未必完美無缺），義人有犯罪的可能，因此有被饒恕的需要（著名的詩篇五十一篇，並四十一 4，七十九 9，九十 8，一〇六 6）。但因這犯罪的可能性，詩篇有談到「教導」罪人，罪人指的並不是惡人，而是暫時落入罪中的義人（如二十五篇8節，指的是年青時曾犯「罪」的詩人；相反的，二十六章9節的「罪人」指的是惡人）。有罪的義人有時幾乎與惡人無異，如詩篇三十二篇所說，當詩人仍未知罪時，他「日益消瘦」，精力枯乾，如同夏天的炎熱——這與「惡人有許多痛苦」相去不遠；但詩人絕不因此懷疑他與惡人間有著天壤之別。

B. 仇敵的在場

詩篇的世界裏，最常遇到是詩人的敵人。有詩人宣稱他的敵人多如頭髮（六十九 4），另有詩人宣稱他遭千萬人攻擊（三 6）。詩篇中充滿了敵人。他們迫害詩人、攻擊詩人、尋索詩人的性命、做假陷害詩人、恨惡詩人……有三分之二的詩篇論及仇敵，包括：詩篇二、三、四、五、六、七、八、九、十、十一、十二、十三、十四、（十六？）、十七、十八、二十、二十一、二十二、二十三、二十四、二十五、二十七、（二十八？）、三十、三十一、三十四、三十五、三十六、三十七、三十八、四十、四十一、四十二、四十三、四十四、四十五、四十七、四十八、四十九、五十、五十二、五十四、五十五、五十六、五十七、五十八、五十九、六十、六十一、六十二、六十三、六十四、六十六、六十八、

六十九、七十、七十一、七十二、七十四、七十五、七十六、七十八、七十九、八十、八十一、八十三、八十六、八十九、九十二、九十四、九十七、一〇一、一〇二、一〇五、一〇八、一〇九、一一〇、一一二、一一八、一一九、一二〇、一二三、一二四、一二七、一二九、一三二、一三五、一三六、一三七、一三八、一三九、一四〇、一四一、一四二、一四三、一四四、一四九篇。一百五十篇之中，論及仇敵的共計九十八篇。

由以上的觀察我們可以得出兩個結論。一個人之所以寫作詩篇，或者因為他遭受敵人的攻擊，或者因為他相信他遭受到敵人的攻擊。但這顯然並非解釋事情的最佳方式，因為詩篇是部文學作品，它並不是真實生活的文字記錄，作者無疑都是些專業或半專業詩人，這些患難情境比較像是他們想像出來的，而不是回憶出來的。因此，我要重新表述我的結論。或許我應該這麼説，大體而言，詩人乃是將自己置身於抗敵者的立場。換言之，所有這些表達希伯來敬虔（expressions of Hebrew piety）的詩篇，都出自於與敵人相對抗的情境。無論是敬虔的表達，或是信賴上帝的表達，或是向上帝發出呼求，所有這些大多都預設了衝突的情境。

詩人們所站的位置，不單是在文學傳統裏——彼此在這傳統裏相互呼應（這當然有它部分的真確性）——也在意識形態的位置上。意識形態表達出詩篇的大概輪廓，以及它對生命的理解。想像一個完全沒有敵我意識的人，當他閱讀詩篇時，請問他會有何感想。一個人當然可以過著完全沒有敵人的生活，但假若這人選擇以詩篇做為敬虔者的生命典範，他可能會因此懷疑自己是否正常，甚至會開始尋找過去未曾意識到的敵人。

C. 戰士詩人

「擊敗敵人」理所當然是詩人的抱負，它的重要性僅次於擺脫仇敵的威脅。除了殲滅敵人，詩人不知道有其他方法可以用來對付敵人。與敵人共存是不可能的。詩人知道的惟一方式便是報復、懲罰、與審判，如同詩篇一四九篇——位在高潮處且引人注目的詩篇——所說一樣。

願他們口中稱讚上帝為高，
　　手裏有兩刃的刀，
為要報復列邦，

刑罰萬民。
要用鍊子捆他們的君王，
用鐵鐐鎖他們的大臣；
要在他們身上施行所記錄的審判。
他的聖民都有這榮耀。（一四九6~9）

另一個同樣引人注目的經文是：「耶和華—我的磐石是應當稱頌的！他教導我的手爭戰，教導我的指頭打仗。」（一四四 1）詩篇中發話的絕大多數都是戰士，雖然不見得篇篇如此，但幾乎是頁頁如此。

詩篇二篇，王要摔碎列國如同摔碎瓦器，詩篇三篇，詩人被千萬敵人所包圍，耶和華是他的盾牌。詩篇十八篇，耶和華教導詩人的手能以爭戰，使他膀臂能開銅弓（34 節），耶和華以力量為詩人束腰，使他能以爭戰（39 節）。詩人因此得以追趕仇敵，將他們趕上，痛擊他們，使他們不能起來，搗碎他們，使他們如同風前的灰塵（37、38、40、42 節）。詩篇二十篇，發話的盼望能夠因王的得勝而歡呼，渴望能夠樹立得勝的旌旗（5 節）。詩篇二十一篇，王的手要搜出一切的仇敵，要使他們轉背逃跑，還要向他們的臉搭箭在弦（8、12 節）。詩篇四十四篇，發話的雖然擁有弓劍，但他們並不依靠弓劍，他們依靠上帝，推倒並踐踏敵人（5、6 節）。詩篇四十五篇，王將他的刀繫在腰間，他的箭鋒快，射中敵人的心；萬民仆倒在他之下（3、5 節）。詩篇五十八篇，義人要在惡人的血中洗腳（10 節）。詩篇六十篇，發話者請求上帝幫助他們戰勝國家的敵人；上帝若與軍隊一同爭戰，他們必將表現英勇（10～12 節；同樣的經文：一〇八 11～13）。詩篇七十二篇，王必要使敵人在他面前下拜舔土（9 節）。詩篇八十九篇，王要見到他的敵人遭擊碎，恨他的遭擊殺（23 節），但耶和華使王的刀劍捲刃，叫他在爭戰中站立不住（43 節）。詩篇一一〇篇，耶和華在王右邊，他要打傷列王，使列邦遍滿屍首（5、6 節）。詩篇一四四篇，耶和華教導發話人的手，使他的手能夠爭戰，並使列邦服在他之下（1、2 節）。詩篇一四九篇，堅貞之民應以喉嚨稱讚上帝；手裏拿有雙刃的刀，好報復列邦，並用鍊子捆他們的君王（6～8 節）。

D. 詩人的榮與辱

榮與辱是地中海文化中的兩個重要概念，許多當代學者都曾指出這點，有學者甚至直稱以色列文化為「榮辱文化」（“honour–shame” culture）。「榮譽與許多不同的價值有所關連，包括像是：能力、勇氣、膽識、英雄氣概、慷慨、智慧。軟弱、膽怯、不慷慨代表的則是缺乏榮譽，並且將會因此而受到鄙視。」[1]

現代西方的「羞恥」概念與詩篇中「羞恥」概念有很大的差異，對我們而言羞恥是一種情緒，對詩篇而言羞恥是一種「客觀的」、外在的實體。詩人當然也會經歷情緒，當遭受「羞辱」或「貶抑」時，詩人會表現出哀傷、憤怒等情緒。但他們並不像我們一樣，將這些情緒稱為「羞恥」。

就我們所知，詩人們都極為在乎榮譽。當他們被敵人捉拿，不再是自由人的時候，他們是被羞辱的一羣人。他們的臉蒙上了羞恥（四十 15，六十九 7）。他們不希望落到這種境地，也不希望被「羞辱」，他們經常做出這類表達（二十五 2、20，三十一 3、17，三十四 5，三十七 19，六十九 6，七十一 1，七十四 21，一一九 6、31、46、80、116，一二七 5）。詩人們請求上帝使他們尊大（七十一 21），賜他們榮耀（八十四 11，九十一 15）；詩人的榮耀在乎上帝（六十二 7）。

詩篇裏有許多用來表達羞恥的的詞彙。提到詩人「羞恥」的經文有：十四6，二十二5，二十五2、3、20，三十一17，三十七19，四十四15，六十九6、19，七十一1，八十九45，一一九6、31、46、80、116，一二七5（共計十九次）。提到敵人羞恥的經文有：六10，三十一17，三十五4、26，四十14、15，四十四7，五十三5，七十72，七十一13、24，八十三17，八十六17，九十七7，一〇九28、29，一一九78，一二五5，一三二18（共計十九次）。

詩人經常遭到「羞辱」：二十二6，三十一11，三十九8，四十二10，四十四13、16，五十五12，五十七3，六十九7、9、10、19、20，七十四10、18，八十九41、50、51，一〇二8，一〇九25，一一九22、39、42。羞辱是敵人最終的命運（七十一13，七十八66，七十九12）。

詩人有時遭受「侮辱」（四2，四十四9、15，六十九6、7、19，七十四21），敵人也會遭受侮辱（三十五4、26，四十14，七十2，七十一13，一〇九29）。詩篇有時用「卑微」來表達詩人的羞恥：一〇六43，一三六23，一三八6，一四七6，或表達敵人的羞恥：十八27，七十五7。詩篇四十四篇13節與七十九篇4節以「譏刺」表達羞恥。羞辱性的「嗤笑」向詩人發出：二十二7，四十四13，七十九4，八十6，一二三4；也向敵人發出：二4，五十九8。詩篇一一九篇51節，詩人成為「譏誚」的對象，一篇1節則以敵人為對象。八十三篇

16節向敵人表示「輕蔑」。其他不同的羞辱形式包括擠眼（三十五 19），搖頭（二十二 7，一〇九 25，四十四 14），撇嘴（三十二 7）。

E. 男性詩人

詩人如同其餘希伯來聖經的作者一樣，並不一定是男性，但詩人都選擇以男性立場來發言，同時也都表現出男性的價值觀。另一方面，詩篇的讀者，它的終端接收者，有男也有女，而所有的教科書都會說，詩篇所要表達的乃是無性別（ungendered）的希伯來敬虔觀。從來沒有人會說這是部男性的文本，也沒有人要求男女要謹慎的閱讀它，免得從中習取了或是內化了屬於男性的態度和偏見。雖然沒有人這麼說，但這卻是應當要說的。

鮮明的戰爭術語，清楚的標示出詩篇的雄性。我們先前討論過的榮譽概念，同樣也是一種男性概念。女性在詩篇中所扮演的角色也清楚標示出詩篇的雄性。

古代以色列婦女的敬畏（godfearing）態度和敬虔態度，理應不會輸給男性，她們跟男人一樣會在詩歌中論及上帝。但詩篇卻是從未提及女性的關懷。

詩篇裏絕大多數的女性都是母親。當然也有不是母親的女性，例如詩篇四十五篇中的新娘以及陪伴之人，但詩篇中絕大多數的女性都是為了生育而存在的。男人爭戰，女人生養。這是男性的觀點；女人的真實生命要比這來的複雜多了。

嚴格來說，詩篇並沒有真正提到女性，只有隱含提到罷了。母親和妻子之所以能夠進到文本中，大多都為了語句平行的緣故，因此女性大多都出現在平行句中的 B 句或是第二句之中。例如：

但你是叫我出母腹（womb）的；
　　我在母懷裏，你就使我有倚靠的心。（二十二 9）

我自出母胎（womb）就被交在你手裏；
　　從我母親生我，你就是我的上帝。（二十二 10）

我是在罪孽裏生的，
　　在我母親懷胎的時候就有了罪。（五十一 5）

我從出母胎（from by birth）被你扶持；

使我出母腹(mother's womb)的是你。

我必常常讚美你!(七十一 6;相類似的經節,包括:四十八 6,五十八 8,一〇九 9,以及一三九 13)

獨有一處,妻子進入到平行結構中的 A 部分,而這得歸功於她的生育能力:

你妻子在你的內室,好像多結果子的葡萄樹;

你兒女圍繞你的桌子,好像橄欖栽子。(一二八 3)

其他地方之所以能夠看到母親出場,原因是先有了父親(或兄弟)的在場:

願他祖宗的罪孽被耶和華記念!

願他母親的罪過不被塗抹!(一〇九 14)

我父母離棄我,

耶和華必收留我。(二十七 10)

你坐著毀謗你的兄弟，

讒毀你親母的兒子。（五十 20；相似的：六十九 8，三十五 14）

女人有她該處的地方，她們是居家的人。只有一處經文提到女人自身的權利，這是惟一一個例外。論到耶和華的祝福，詩人如此說：

他使不能生育的婦人安居家中，為多子的樂母。（一一三 9）

雖然這女性（仍舊）是位母親，但她的主體性（subjectivity）卻以一不尋常的方式加以呈現——情感變化的方式，這變化始於無法生育的狀態終至成為一家之母。

看完這些經文，我們可以說，即或詩篇不乏女性，但女性的角色卻始終比不上敵人。這是一種男性的觀點。男性生活在家庭外的公共領域中。他在那裏感受自己的存在，同時也感到自己的榮譽不斷為敵人所威脅，不論這敵人是真實的或是想像的。不論是被動或是主動，他都必須時常保持警覺。相反的，女性生活在家中，那是一個相對封閉和安全的環境；她們的任務是要生養小孩，她們且沒有任何的仇敵。

F. 處在需要中的詩人

詩人雖為戰士，致力於摧毀惡者，但他們同時也是貧困需要資助的人。詩人不單四處為仇敵所圍困，還時常為病痛所苦，並且也總是缺乏可以仰賴的，屬於自己的資源。

以詩篇二十二篇為例，詩人不單感到自己被上帝所丟棄，也因著自己所遭遇到的患難而哀叫：他被眾人羞辱，被百姓藐視，被公牛四面圍困，被倒出如水，他的骨頭脫節；心如蠟鎔，他的精力枯乾，他的舌頭貼於牙牀，他被犬類圍繞；他被做惡者環繞，他憔悴消瘦，他的衣服被迫害者給拈鬮刮分，他被刀劍威脅，被犬類、獅子和野牛威脅。無疑有許多描述不過是隱喻罷了，而那些有關身體疾患的描述，可能不過只是心理因素造成的（psychosomatic），僅管如此，所有這些不幸對詩人而言，都是無比真實的，詩人此時此刻正身處極限的邊緣，手上完全沒有任何的資源。

這無疑是個危急狀態，但詩中所表達的信息，並不認為這景象只能適用於生活中的少數片段。相反的，讀者大多傾向將這首詩當做是生活的寫照，將自己的生活相較於詩人的生活，並從詩中獲得鼓勵。

G. 朋友的缺席

整體而言，詩人並沒有任何朋友或是支持者作為患難時依靠的對象。詩人都是孤單的個體，沒有任何的支持網絡，也沒有任何的親屬連結。他們的孤單，除了有上帝幫助，就再沒有任何其他的幫助來源。

以下的這段經文可稱之為詩篇的負向主題（negative leitmotif）：

> 看哪，弟兄和睦同居
>
> 　　是何等地善，何等地美！（一三三 1）

這句話若是放在詩篇的大脈絡下，就看出它其實蘊含某種渴望，因為它背後強調的是詩人遭到家人、朋友、同伴、以及鄰人的棄絕和迫害。

我的良朋密友因我的災病都躲在旁邊站著；

　　我的親戚本家也遠遠的站立。（三十八 11）

連我知己的朋友，我所倚靠、吃過我飯的也用腳踢

我。（四十一 9）

原來不是仇敵辱罵我，若是仇敵，

　　還可忍耐；

也不是恨我的人向我狂大，若是恨我的人

　　就必躲避他。

不料是你；你原與我平等，

　　是我的同伴，是我知己的朋友！

我們素常彼此談論，以為甘甜；

　　我們與羣眾在上帝的殿中同行。（五十五 12~

　　14；相似的：三十三 11，八十八 8、18）

的確，每當詩人從患難中獲得解脫，詩人都會想將這好消息傳達給一同崇拜的社羣成員，例如：

我要將你的名傳與我的弟兄，

在會中我要讚美你。(二十二 22)

我在大會中
　宣傳公義的佳音。(四十 9)

然而每當詩人身處患難時,這社羣總是不見蹤影,不僅如此,社羣有時甚至成為詩人們患難的源頭。

H. 患難的生活

絕大多數的詩篇都脱離不了患難的處境,詩人或正處患難中,或將面臨患難,或正脱離患難。以下幾段經文可供做例證:

耶和華啊,我的敵人何其加增;
　有許多人起來攻擊我。(三 1)

耶和華啊,求你不要在怒中責備我……
　耶和華啊,求你醫治我,因為我的骨頭發戰。
　(六 1~2)

耶和華我的上帝啊，我投靠你！

求你救我脫離一切追趕我的人，將我救拔出來！

恐怕他們像獅子撕裂我，甚至撕碎，無人

搭救。（七 1~2）

耶和華啊，你忘記我要到幾時呢？要到永遠嗎？……

我心裏籌算，終日愁苦，要到幾時呢？（十三 1~2）

詩篇之所以會聯結於患難，可能是因為傳統習慣以詩歌來面對患難，但原因也可能出在詩人們共享的世界觀，這世界觀認為生活原本就充滿著患難。無論如何，詩篇的讀者，特別是那些不帶批判眼光的讀者，會受到詩篇的影響，將生活想像為是一連串的患難，或甚至是一個恆久的患難。

四　神聖世界裏的意識形態

A. 充滿能力的上帝

從某個角度來說，詩篇是個充滿敵人的文本，換個角度來說，它是一個執著於能力的文本。耶和華是大能者，他的能力超出萬有，這對詩人來說，這要比一切所有的都來的重要。耶和華擁有能力（五十四 1，五十九 9，六十五 6，六十八 34，七十四 13、14，八十六 4），祂有力有大能（二十四 8），祂是大能者（五十 1，一三二 2、5），祂是堅固的磐石（三十一 2），祂是堅固臺（六十一 3），祂是堅固的避難所（七十一 7）；祂以能力為衣（九十三 1 ），祂像勇士（mighty man）因喝酒而呼喊（七十八 65），祂擁有大能的膀臂（八十九 10、13，一三六 12），大能的右手（二十 6），強大的聲音（六十八 33），強大的能力（一〇六 8），祂有大能的作為（一〇六 2，一四五 4、12，一五〇 2）。詩人勸誡聽者，要將能力歸給耶和華（六十八 34，九十六 7），詩人問：「那一個大能者像你耶和華？」（八十九 8）。

能力大多時候都是隱而不顯的。能力並非時時刻刻都向著罪惡發出，它只針對詩人的要求做出回應。惡人迫害困苦者（十 2），以其心願自誇，謗讟耶和華（十 3）；下流人在世人中升高，惡人隨之到處遊行（十二 8），他們設謀害義人，弓上弦，刀出鞘，要打倒困苦窮乏的人（三十七 12、14），他們窺視義人，想要殺他（三十七 32）。惡人發生如草（九十二 7），他們常享安逸，財寶且不斷增添

（七十三 12）。但耶和華卻坐視不管，除非有詩人引導祂注意到這些事。「上帝啊，你必要殺戮惡人」（一三九 19），這是詩篇中典型的求告。詩篇從頭到尾都有詩人不斷的求告上帝，求祂懲罰惡人（例如：十 15，三十一 17，一〇四 35），或預言祂必將如此行（例如：三十七 9，五十八10）。上帝很少會去主動對付惡人（一四六 9：「祂使惡人的道路彎曲」；參一四七 6）。

詩人所要的是一位擁有大能的上帝，因為這正是他們最想擁有的屬性。上帝是詩人力量的泉源：祂是詩人的力量（十八 1、2，十九 14，二十二 19，二十七 1，二十八 7，三十一 4，三十四 4，三十七 39，四十六 1，五十九 17，七十一 16，八十一 1，八十四 5，一一八 14，一四四 1），祂將能力束在詩人的腰上（十八 39），祂將力量賜給詩人（四十三 2），也將力量賜給祂的百姓（六十八 35），祂是賜力量的上帝（四十三 2），祂是力量的磐石（六十二 7），祂是心裏的力量（七十三 26），祂是救恩的力量（一四〇 7），祂是百姓力量的榮耀（八十九 17）。敵人十分強壯（十八 17，三十五 10，三十八 19，五十九 3，六十九 4，八十九 50（參二十二 12），因此比敵人來的更為強壯，就成為是詩人們最迫切的需要。

B. 戰士上帝

我在先前說過，詩篇裏發聲的大多都是戰士。這無可避免的大大的影響到詩篇作者對上帝的理解。詩篇裏的上帝不單授權殺人，也賜人殺人的能力；上帝本身就是個殺人要角。祂身上配有刀（七 12，十七 13）、兩個盾牌（三十五 2）、弓（七 12）、箭（七 13，十八 14，三十八 2，六十四 7，七十七 17，一二〇 4，一四四 6）、以及矛（三十五 3）。詩篇二十九篇，上帝發怒（二 5、12，六 1，七 6，十八 7，二十一 9，二十七 9，三十 5，三十八 1，五十六 7，五十九 13，六十 1，六十九 24，七十四 1，七十六 7，七十七 9，七十八 21、31、38、49、50、58、59、62，七十九5、6，八十 4，八十五 3、5，八十八 7，八十九 38、46，九十 7、9、11，九十五 11，一〇二 10，一〇三 9，一〇六 23、29、40，一一〇 5），沒錯，祂不輕易發怒，但祂一旦發怒，那將會是烈怒。上帝殺惡人也殺詩人的敵人（一三九 19），祂滅絕他們（五 6，九 5，二十一 10，三十七 38〔？〕，一四三12，一四五 20）。祂是詩人的盾牌，也是以色列的盾牌（三3，十八 2、30，二十八 7，三十三 20，五十九 11，八十四 9、11，一一五 9、10、11，一一九 14，一四四 2）；祂的救恩與信實是大盾（五 12，十八 35，九十一 4）也是小盾（九十一4），而祂本身也就帶有盾牌（三十五 2）。

我們無須假定經文背後都有戰爭場景的存在，也無須假定上帝一定是位戰士，因為上帝摧毀惡人，有可能是為施行公義。僅管如此，戰爭性的用語不單鮮明，也隨處可見，毫無疑問的，（男性）戰士的修辭深深的影響到詩篇的上帝觀。

C. 必須召喚的上帝

有少數詩篇顯示，詩人雖未求告耶和華，但耶和華仍舊前來幫扶，但大多數詩篇所顯示的是，詩人必須先求告上帝，呼求祂幫助，求祂「起來」（例如：三 7，七 6，九 19，十 12；還有其他七處經文），求祂「興起自我」（四十四 23，五十九 4）。令人驚訝的是，耶和華需要有人來叫「醒」祂，例如：

> 主啊，求你睡醒，為何儘睡呢？
>
> 求你興起，不要永遠丟棄我們！（四十四 23）

同樣的描述可見於詩篇七篇6節，三十五篇23節，五十九篇5節。詩人會在求告詩中求上帝有所作為，這並不令人意外，因為上帝顯然仍未採取行動。希奇的是，詩人的讚美和感謝都不是為了要稱頌上帝的幫扶。如此看來，人必須在世上學會自助，但知道在絕望的時候，還有最後一線希望，可以前去喚醒上帝，求上帝施展作為。

D. 上帝是喜樂的泉源

對於敬虔人來說，「上帝是喜樂的泉源」並不是一個令人矚目的思想。但它其實是值得注意的，因為它暗中否定了其他所有的價值。「上帝是喜樂的泉源」不盡然是一醜陋的信念（ugly conviction），比方說：

求你發出你的亮光和真實，
　　好引導我，
帶我到你的聖山，
　　到你的居所！
我就走到上帝的祭壇，
　　到我最喜樂的上帝那裏。（四十三 3~5）

這景象既可愛又動人。然而，當我們讀到另類的詩篇的時候，讀到詩中另類歡愉經驗的時候，我們才發現，詩人眼目執著於上帝，似乎因此遺漏了些甚麼。舉例來說：

我心裏湧出美辭；
論到我為王做的事，
　　我的舌頭是快手筆。
你比世人更美；
　　在你嘴裏滿有恩惠……
你的國權是正直的。
　　你喜愛公義，恨惡罪惡；
所以上帝—就是你的上帝—用喜樂油
　　膏你，勝過膏你的同伴。
你的衣服都有沒藥、沉香、肉桂的香氣；
　　象牙宮中有絲弦樂器的聲音使你歡喜（四十五
　　1～2、6下～8）

這裏沒有絲毫人文主義的影子，因為王的財富和喜樂全都來自於上帝，全是上帝為了要獎賞王的德性而賜下來的。雖然必須給敵人有露面的機會（四十五 5），但整首詩富有歡愉和喜樂的氣氛，這氣氛來自於人的美麗和尊嚴及其享受喜樂的能力。總體而言，詩篇與此孤例恰恰相反，它嚴肅、封閉、目光短淺，完全膠著在上帝之上。

五　結論

有人可能會認為，我對詩篇的意識形態所做的分析，結論太過悲觀（說負面可能太過嚴重）。我得承認，我之所以要寫這篇論文，原因是我去年在荷蘭參加了一場有關詩篇的研討會，會議裏完全沒有聽到批判詩篇的聲音，所有與會者都假設對方享有詩人的意識形態。因此我認定該是提出另一切入角度的時候，如果有人認為這種切入方式太過粗暴，我大可不必為此擔心，因為仍舊有許多同情詩篇的聲音存在。

但我也必須要說，無論學界如何的批判詩篇的意識形態，學界外還有許多更具敵意的聲音，它們的寬容性更少，也不怎麼在意公正性（fair-minded）。

我的第一個例子是英國小說家桑瑟姆（Ian Sansom），他在《倫敦書評》（*London Review of Books*）寫過一篇書評，評威爾·塞爾夫（Will Self）的小說《戴夫之書》（*The Book of Dave*，原本指的是詩篇）。論到詩篇他是這麼說的：

> 聖經經文挺令人憎恨，詩人的「個人議程」（personal agendas）全都十分奇異、難解、像是精神錯亂。詩一篇接一篇，翻譯也是一篇接一篇，全都充滿著懲罰的幻想以及自我的懲罰，連著的是大喜樂、深層絕望、以及誇張的讚美。聖經裏沒有比詩篇更為病態瞭亂的，它是最清晰華麗的顛狂，它是全聖經中最為自義的、最為恐怖刺激的、最為精神錯亂的、充滿著無數的恐懼和焦慮。詩篇的最大特色是仇恨的靈，用路益師（C. S. Lewis）《詩篇擷思》（*Reflections on the Psalms*）裏的一段話來說，它「擊打我們的臉……像是從火爐般的口所發出的烈燄」。

我的第二個例子是道金斯（Richard Dawkins），他是位作家，也是位科學家；他是知名的無神論者，也是《上帝錯覺》（*The God Delusion*）一書的作者。他稱舊約的上帝是：

> 所有小說中最令人討厭的主角：善嫉妒而且還以

> 此為傲；是個既小器、又不公正、又不寬容的控制狂；是個好辯嗜血的種族淨化者；是個厭女者、致命者、誇大狂、施虐狂、反覆無常的惡霸。（引自 Steven Weinberg, *The Times Literacy Supplement*, 19 January 2007, 5）

研討會中我希望解釋我與這些作者間的不同處，以及我們能否從他們的評價中學到東西。這些引文表明詩篇的意識形態仍是我們文化裏的活問題（live question），聖經學者有責任善用他們的詮釋能力和資源，去挑戰讀者未經檢驗的假設，並給予我們的文本一公正的評價（而非阿諛諂媚）。

2

詩篇的詮釋方法論的匯聚（以詩篇二十三篇為例）*

吳致瑩 譯

* 本文於二〇〇七年三月二十四日講於中原大學「解－經：聖經經文的詮釋和釋義」國際學術研討會上。

在前一篇文章中，我從意識形態批評角度切入討論詩篇，而本文將採用數種詮釋方法，對詩篇進行討論。

我決定以數種詮釋方法逐一討論詩篇，因為當代聖經批評（biblical criticism）不只使用單一批評方法，評論者也非僅採一種詮釋策略；多數的研究都幾近毫無章法地把各種詮釋方法交織一起。我將這種同時混用各種詮釋方法的狀態稱為「方法的匯流（confluence）」。

完成本文之際，我發現某些不同的詮釋方法竟得出相似的結論，這想必導因於這些分析研究的共同因素，也就是研究者的在場：「我自己」。也許為了達到某種結論，我無意識地扭曲一些批評方法所得出的結果；不過這些只能交由別人鑑明。我最多意識到在研究過程中，各種方法的觀點如何交互影響彼此。

由於本文使用多種方法論，為避免研究範圍太廣而失去焦點，我將本文所討論的內容限定在詩篇二十三篇。這是一首廣受喜愛的詩篇，過去我曾出版此詩各譯文的比較研究（包括中文聖經譯本）。[1] 在本文一開始，我先提出自己的譯文：

1. Yahweh is a shepherd to me;
    therefore there is nothing I lack.
2. In grassy pastures he lets me lie, chewing the cud;
    down to quiet waters he leads me;
3. he revives my life;
    he leads me by the right paths-
    all to uphold his repute.
4. Even when I walk through a dark valley,
    I fear no harm, for you are with me;
    your crook and your staff are my reassurance.
5. You spread a banquet before me even if enemies surround me;
    you anoint my head with oil;
    abundance is my lot.

6. Such goodness and constancy shall surely be my
companions as long as I live,
and I shall journey again to Yahweh's house for
many days to come.

1. 耶和華是我的牧者，
我必不致缺乏。
2. 他使我躺臥在青草地上，
領我在可安歇的水邊。
3. 他使我的靈魂甦醒，
為自己的名
引導我走義路。
4. 我雖然行過死蔭的幽谷，
也不怕遭害，因為你與我同在；
你的杖，你的竿，都安慰我。
5. 在我敵人面前，你為我擺設筵席；
你用油膏了我的頭，
使我的福杯滿溢。
6. 我一生一世必有恩惠慈愛隨著我；
我且要住在耶和華的殿中，直到永遠。（《和

合本》譯文）

你可能發現，本文中我所採用的批評方法無一屬於歷史性批評。除了我個人偏好文本的文學性甚於其歷史性外，更重要的是在詩篇二十三篇中，我沒有發覺適合歷史批評研究的問題。我只有在翻譯第六節詩行時，參考了古代世界的風俗。古代世界中，旅行者於途中常有家主或其僕人為伴，娛樂並保護他。以這個習俗對照此詩，就能理解「恩惠（goodness）與慈愛（constancy）隨著我（following）」的概念；不過我從歷史批評所能想到的也只有這些了。

我並不認為所有的文本都適合以現存的一切方法理論加以分析。以某個批評理論分析文本卻毫無收穫並不要緊；以下我就分析詩篇二十三篇，選擇幾個我認為能產生豐富成果的批評方法進行研究。

一　修辭學批評

修辭學批評（rhetorical criticism）以「文本的最終形式」為旗幟，研究文本語言傳達意義時的擺列方式。它分析各種書寫技巧，包括文本中的隱喻、對比、敘事結構、詩的結構、風格化的文體等。正如一般的文學批評，它主要的分析對象為文本本身，以及文本中的語言表達，而不考慮文本產生的歷史情境。

A. 意象

修辭學批評首先關注文本的核心意象（imagery），而詩篇二十三篇的核心意象即為「羊」。我們都同意這首詩開頭的「敍述聲音」是羊的聲音。換句話説，敍述者以羊的形象再現自己，「羊」是敍述者的隱喻。而「羊」的隱喻在接下來的詩句中不斷出現：牠躺臥在青草地上（2 節），被引領到正確的路徑（3 節），在行經幽暗山谷時因牧羊人的杖、竿而安心無懼（4 節）。然而，羊的意象是否持續到詩的結尾，就值得商榷了。

到了第五節詩行，許多人開始感到困惑。為甚麼羊需要筵席、膏油（5 節），而牠又為甚麼要去耶和華的殿（6 節）？由於這些疑問，許多學者認為，這裏敍述者的隱喻已由「羊」轉變成「賓客」；賓客／主人的關係似乎更貼近設宴、以油膏頭等行動。

然而，我對這樣的看法持有異議。首先，整首詩的敍述者及其隱喻並沒有改變的痕迹。在第四節第三行中，杖與竿都是牧羊人的工具，這裏的敍述者的隱喻必定仍舊是羊。然而從這行詩到下一行詩之間，這隱喻並沒有任何改變的迹象。如果在第一節詩中，耶和華清楚地被比喻為牧羊人，在文本沒有任何線索的情況下，我們怎能隨意假設耶和華作為「牧羊人」的比喻，在這短短六節詩的末尾已轉變成別的意象？接著，我們注意到，敍述者在此詩的開頭與結尾皆以第三人稱指稱耶和華，而中間卻以第二人稱直接對耶和華說話。如果隱喻的意象在中間部分從「羊」轉變成「賓客」，似乎也很奇怪。第三，關於設宴（5 節），我們可以想像「羊」在惡獸環繞的情境中吃草，卻難以理解一位主人為賓客在其敵人面前設宴。第四，我們知道直到結尾，這個敍述者一直在行走，他要通往耶和華的殿，而恩惠與慈愛正與他為伍（6 節）。然而，一位主人如何在賓客朝聖的途中為他設宴（5 節）？

對此，我傾向將「羊／牧羊人」視為貫穿全詩的隱喻意象。關於「筵席」，我認為這指的是羊眼中豐盛的食物。至於福「杯」滿溢（5 節），這裏的「杯」不是字面意義上的杯子，正如馬太福音二十六章39節耶穌禱告說：「我父啊，倘若可行，求你叫這『杯』離開我」；這兩處的「杯」是命運、處境的意象。況且，希伯來聖經的「福杯滿溢」原為「我的杯滿足」（my cup is satiation），而非「我的杯滿了」（my cup is full）或「溢出」（runs over）。這裏，杯（cup）與滿足（satiation）同指抽象意義，而非具體事物。另外，我同意「用油膏頭」和「羊／牧羊人」似乎沒有關係，儘管有些學者解釋，牧羊人會在羊的傷口上塗油。不過在解釋文本及其意象時，我認為「為何主人要為賓客在其敵人面前設宴的問題」比「用油膏頭」的問題大得多。

簡而言之，我找不到任何理由認定「羊」的意象從詩中消失。最重要的是，詩的開頭與結尾同樣標明耶和華的臨在，並且整首詩經由引導（2 節）、行走（3 節）、伴隨（6 節）、回歸（6 節）這些動作已被串聯成一個整體。

B. 詩中的名詞

當我們標誌出詩中所有的「名詞」，將其分類為具體名詞、抽象名詞，便會發現這首詩裏的具體名詞較抽象名詞多出許多。這些具體名詞包括耶和華、牧羊人、牧地、青草、水、道路、山谷、黑暗、小溪、杖、竿、筵席、敵人、頭、油、杯、殿。介於具體名詞與抽象名詞之間的有安靜、生命、名字、災害、躺臥。而此詩的「義」(3 節)並非意指抽象的品德,這裏指的是路徑的「筆直、平坦」。真正算得上是抽象名詞的只有滿足(5 節)、恩惠、慈愛(6 節),它們只出現在敍述者幸福的結局中。

因此我們可以說,正是這些具體名詞的意象主導了全詩,它們為這首詩帶來明確的現實感與真實感。

C. 詩中的動詞

如果你標示出詩中所有的「動詞」,並找出這些動作的主詞,便會發現其中絕大部分的主詞都是耶和華(例如使我躺臥、引導、甦醒等)。以羊做為主詞的動作只有四個:我不「缺乏」(I do not lack)、我「行」(I walk)、我不「怕」(I do not fear)、我「歸回」(I return〔journey〕,《和合本》譯作「住」);其中兩個動作是否定性的(我「不」缺乏、我「不」懼怕),因此這兩者不是主動性的動詞。而另外兩個動詞:「行」、「歸回」也不是甚麼具有冒險性質的積極動作。

換句話説,詩中的動詞顯示了,這是一首關於耶和華的詩，而非關於羊的詩。「羊」充其量不過展現了耶和華施於牠身上的動作。所有能產生結果的動作，都由耶和華發動。許多人沒注意到，正因它顯明了耶和華為主要動作的發動者，對於那些身處患難壓迫的困乏者，此詩總是如此迷人。

D. 語法人稱

最後，如果你注意到整首詩的語法人稱（grammatical persons，即第一、二、三人稱），就會發現一些奇特的地方。在前三節詩中，敍述者以第三人稱指稱耶和華（耶和華是我的牧者……）。但在第四、五節中，敍述者直接對耶和華説話，耶和華從「他」變成了「你」（你與我同在……）。在這個詩節中發生了甚麼事？從第三人稱轉為第二人稱的這個時刻，是此詩的關鍵時刻。此時，負面陰暗第一次在詩中浮現。在這之前，詩中一片寧靜；但在第四、五節詩，我們遇見了黑暗、災害、仇敵……但與此同時，我們也更直接地感受耶和華的臨在。到了第六節詩，敍述者回復以第三人稱指稱耶和華，我們也回到一個安全的環境；此時與羊為伍的只有恩惠、慈愛，牠有一個可預見的幸福未來，牠將一次次歡悅地走在通往耶和華殿的路上。

二　讀者反應批評

讀者反應批評提出「讀者」作為文本意義的創造者。它強調「意義」並非單單內含於「文本」中；傳統的歷史批評等方法從「作者」身上尋找意義，而一般性的文學批評或修辭學批評則從文本本身（文體、結構、用字遣詞等）尋找意義。然而讀者反應理論認為，意義產生於讀者與文本相遇的片刻；甚至可以說，意義產生於讀者的閱讀過程。

我從這個批評方法得到的文本意涵，已概括於前述修辭學批評的分析中。作為讀者，那些具體的語詞使我們得知，耶和華在詩中清楚而明確地被描述為一位牧羊人。從詩中的動詞（動作），我們感覺到羊完全依賴牠的牧人；我們也從詩末那積極明亮的調子裏，感受到一個光明的未來。從第一節和第五節詩看來，敍述者一無所缺。他十分滿足於自己的處境。

當然我們不能忽略中間那段人稱轉換的部分。這裏恰恰與雅歌一章2節對應：「願他用口與我親嘴；因你的愛情比酒更美」。當敍述對象從第三人稱轉為第二人稱，敍述者召喚了他的情人。人稱轉換產生了神祕的效果，情人幾乎真實地出現在敍述者眼前。

三　解構

我從卡勒(Jonathan Culler)對「解構」所作的精簡說明，理解「解構」的概念。卡勒指出：「解構一個論述，就是消解這個論述所聲稱的思維哲理，或顛覆這論述所立基的『對立詞組』之序列。」我們可以說，通常每個文本都有其所欲言之物。即使是一個「詩」的文本，雖然我們無法僅將其化約成意譯後的散文，也有其存在的目的。「解構」宣稱，從某種意義上來說，「文本」會消解它自身原先所欲傳達的內容。跟著卡勒的解構觀點，我們發現文本中常有一些「對立詞組」，並且在對立關係中，其中一方總是優於另一方。然而，「解構」正是瞥見這些二元對立詞組關係的不可能性。

在我看來，詩篇二十三篇裏主要的二元對立詞組即為「生命」與「死亡」。在詩中，那活生生的羊總是受到死亡的威脅；飢餓、乾渴、需被「甦醒」的衰殘生命、災害、死蔭的幽谷、仇敵，在在都以「死亡」威脅著羊的「生命」。而牧羊人提供牠生命所需的食物、飲水、方向和保護。在這對立詞組中，「生」理所當然地優於「死」。羊從一開始便宣稱自己一無所缺，到了詩的結尾，羊仍相信這樣美好的日子會持續到永遠。威脅著生命的幽暗與死亡雖然沒有被忽略，但「死亡」的力量卻被「生命」的力量所壓制。這首詩就是立基於「生」與「死」的對立詞組概念上。

然而，我們都知道，在現實生活中，牧羊人並非無私地單為了羊而照顧羊。牧羊人為了羊毛、羊奶而牧羊，而且多半牠們終將遭到宰殺。這樣，牧羊人便處於一個曖昧不清的位置。他必須維護羊的生命與健康；惟有如此，羊被宰殺後才會值錢。牧羊人也許真誠地照顧著羊，但他的目的絕非為了羊能永遠維持健康與「生命」，他為羊將來的「死亡」而照顧牠。

這樣，認知到牧羊人同時站在「生命」和「死亡」這兩側時，這首詩所立基的對立詞組「生」與「死」就被解構了。在詩中，這個衝突被掩蓋了。我們暫不假定詩人意識到牧羊人所處的曖昧位置，但這是一首已完成的詩，詩中的字詞有其自身的生命，他們已脱離作者的意圖，在文本中擁有自己的生命。

在結尾時，羊已到達「耶和華的殿」，也就是聖殿。此時，「死亡」正埋伏於這表層的敍述下；因為，所有的羊只因一個理由而被帶往聖殿。即使「羊的隱喻意象貫穿全詩」這個論點是錯的、結尾時到達聖殿的不是羊，但一開頭「牧羊人」的意象本身就體現了解構的要素。換句話說，我們不能忽略這詩篇的解構潛力；在某些程度上，它確實消解了自己原所欲言的內容。

四　性別批評

性別分析（gender analysis）從典型的性別關係角度出發探究文本，著重分析文本中角色間的相對權力。

在希伯來聖經中，牧羊人雖可以是男性或女性，但絕大多數都是男性。而此詩中的牧羊人顯然是一位男性，因為他有一個男性的名字：耶和華（Yahweh，編按：中文或音譯為「雅威」等）。他很強壯（就如男人），他能用武器嚇退那些威脅羊羣的野獸。他身上有一種男性的逞強：他在羊羣的敵人面前為羊羣「擺設筵席」。雖然在敵人面前饗宴可能使羊消化不良，但這卻強化了牧羊人的自我；他證明了即使在這麼困難的情境下，自己仍有能力供給羊羣。

詩篇二十三篇中的羊則可能是男性或女性，但被建構的社會性別（constructed gender），比生理性別（biological sex）來得重要。這隻羊被建構成陰性的羊，牠被男性牧羊人陰柔化，牠的社會性別則因其對比於牧羊人的陽剛而被定為陰性。這首詩中的羊被置於完全依賴的位置，牠依賴牧羊人供給飲食、指引方向、提供庇護。這隻羊有主觀性，卻沒有自主性。牠只從自己與牧羊人的關係中認知自己，牠沒有自己的意志。除了走路，牠不主動做任何事；而牠行走乃因牧羊人令牠行走，所走的路也是牧羊人為牠選擇的路。

然而，我們忘了，詩篇二十三篇中的羊並非任何一隻老羊，牠是大衛的隱喻。根據詩的標題，這首詩是大衛以羊的聲音吟說的詩。這是大衛的詩篇，而大衛自己曾是位牧羊人；這樣，耶和華不僅是羊的牧人，更是牧羊人的牧人。而詩中的敍述者並非一位被陰柔化的男性，他是一位陰柔化自己的男性。這個男性像說腹語般以女性聲音說話。（只是，也許他忘了，假若沒有自主性，他如何聲稱自己擁有主體性？）他以自我陰柔化的方式，強化了「女性需要男性照顧」的男性觀點。大衛的保護者（耶和華）比他陽剛強壯，因此他就變成那隻陰性化的羊。

五　唯物主義批評

「唯物主義批評」（materialist criticism）或者說「政治批評」（political criticism）屬於意識形態批評的一種。它認為文本是一個「產品」，就像任何其他有形的物質產品；文本是在特定歷史時空中，由其社會環境與經濟狀態交織出的產物。這個批評觀點的基礎認定，文本存在的目的在於維護、強化那個產生了它們的社會意識形態。嚴格說來，唯物主義批評從文本中呈現的權力著手分析文本。它分析文本本身如何再現、影射或壓抑那構成文本的社會中，不同階級間的衝突。在唯物主義批評中，文本的文學特質顯然並不重要，而文本中各要素如何融合成一個有意義的整體也不是關心的對象。從唯物主義批評與歷史批評的關係看來，可分為兩種批評流派。一種唯物主義批評強調文本與特定歷史脈絡的關係，分析時強調產生文本的特殊歷史情境；另一種唯物主義批評則脫離特定歷史時空，將文本置於自身概述的時空中。分析詩篇二十三篇時，以後者策略定調較為適宜。

在評論這首詩時，唯物主義批評者首先便察覺一般文學批評者所未能察覺的現實：羊與牧羊人之間實際存在的現實關係。在一個生產與消費的現實世界中，羊與牧羊人的關係，顯然與詩中虛構想像的世界不同。現實世界中，通常牧羊人並不擁有羊羣；他為支付工資的雇主照料羊羣。牧羊人向雇主盡牧養之責，而非對羊。這樣，羊與牧人之間的相互關愛，在一個唯物主義批評者眼中，就成了一幅傷感的情景；他並開始懷疑那相互獻身般的關愛。批評者開始確定，正如牧羊人對羊隱藏了他的終極目的，詩人必定對我們讀者隱藏了某些事情。

接著，唯物主義批評者會探究這個「產品／文本」產生的原因。他們會問：「為何會產生詩篇二十三篇？」這詩絕不只是一個虔誠靈魂經歷、體驗神聖事物後的迸發之物。文本通常為了某種社會目的而寫成。每個文本都是一項產品，而產品就是為了被複製、被傳播。文學性的文本更是如此，它不同於書信或契約等私密的文本。此外，文本的作者希望自己的作品被閱讀，他設想如何激起大眾閱讀自己作品的渴望，或如何使人們渴望擁有這作品（即使他們永遠不會攤開書來閱讀）。這是古往今來所有文學作品的基本特質。

那麼，在這個脈絡中，詩篇二十三篇為何會被寫成？必定因為某人想宣傳詩中所描述的那種姿態：「被動消極地順從那為生命引路的神聖指導。」而誰會這麼作？難道不是那能受惠於此種姿態的人？他要詩篇讀者因閱讀此詩而對宗教產生徹底的依賴。為了要「住在耶和華的殿中」，不斷地前往耶路撒冷朝聖，成為隱含於此詩的潛藏欲望。因此，這首詩很可能出自某個神職人員，他居於耶路撒冷，在經濟上受惠於大量湧入的朝聖者與祭祀。藉由此詩，他勸告同胞們像羊一樣前往耶路撒冷朝聖；而既然他自己已屬於耶路撒冷，他寫作的對象就非自己。

不過，對於此詩源起的這種詮釋，並不聲稱自己具有歷史事實；它不過企圖辨明那隱含於文本中的社會結構，並指出其隱含作者。它並不探究那產生文本的歷史事實，反而勾勒文本本身所隱含的歷史維度。另外，這個詮釋並沒有以犬儒式（cynicism）的譏諷，嘲弄神職人員為了生計而寫作宗教詩篇。即使是神職人員也需要生活，他們理當在自己的權力範圍內，做一些能確保自己收入的事情。而他們宗教情感的表達是否出自真誠，則是另一回事；當然，我本身並不認為詩篇二十三篇的作者不是一位熱情的信徒。

六　後殖民批評

後殖民理論（postcolonial theory）從過去被殖民者的

視角細究殖民經驗。二十世紀初，全世界百分之八十五的地區受制於歐陸帝國主義，而後殖民理論試圖將帝國主義統治所帶來的衝擊理論化。雖然後殖民研究在是否參究文本或實踐、精神狀態或具體歷史進程上並無定論，但它確實提出殖民統治所帶來的影響。帝國主義意識形態將自己強加於被統治的異文化中，它壓制本地人，將其視為「異己者」(other)，稱其為帝國主義標準之外的異常者。從後殖民的角度閱讀與思考，可以揭露帝國主義意識形態的基本假設。

在聖經研究的部分，近來的後殖民理論著重於五方面的研究。第一，帝國主義式的思想如何體現於聖經文本及其傳統詮釋中？(它們不只處理關於聖經難題的歐陸中心詮釋論，更包括聖經文本本身。) 第二，找回聖經中被殖民者 (迦南人) 的壓抑聲音。第三，如何處理從後殖民者視角閱讀聖經所產生的不安？第四，從後殖民理論的觀點，重新發掘聖經潛在的解放可能性。第五，經歷了「大流散」(diasporic) 的人們在企圖跨越家鄉與異鄉之間的鴻溝時，如何詮釋聖經？

使用後殖民理論分析詩篇二十三篇，可以得到豐富的結果。首先，這首詩幾乎是被殖民者的寓言。帝國主義力量正如詩中的牧羊人，他製造一種神話，使羊相信他所做的一切僅僅是為了幫助牠，而羊也真的這麼相信。再來，帝國統治者假設羊無法照料自己，他假設羊只有依附他的指示與幫助才能獲得安寧康樂。然而，真相在結尾時慢慢浮現出來；帝國主義勢力所做的一切行動不過是為了自己。從後殖民視角閱讀此詩的讀者，在察覺了羊與牧羊人的權力關係後，也許能創造出豐富生動的解讀；如果再使用解構的批評法，讀者便能揭露隱藏於羊與牧人之間的對立關係。

另外，從後殖民批評的角度，我們可以聚焦於「牧羊人引領羊通過死蔭的幽谷」這個意象。讀者可能認定「死蔭的幽谷」為通往目的地的惟一路徑，因此牧羊人領羊通過這陰翳之地。然而，當牧羊人被理解為帝國主義勢力時，帶著後殖民意識的羊便合理地質疑，行經「死蔭的幽谷」不過是牧羊人計謀，為的是使羊徹底陷於依賴之中，以此強化對牠的支配與掌控。舉例來說，當澳洲的牧羊人要將羊羣從柵欄裏趕入藥浴消毒槽，他們把通道的內側塗黑，利用通道末端的亮光引誘羊羣進入藥浴消毒槽。這牧羊人所造的黑暗通道正如「死蔭的幽谷」，以另一端的亮光征服並控制著羊羣。

七　精神分析批評

精神分析批評（psychoanalytic criticism）的研究對象，可分為三類：研究文本作者、研究文本本身以及研究文本讀者。既然作者基於自身精神上的需要與驅力（drives）而創作文本，那麼對作者進行精神分析也成了文本批評的途徑。當然，通常我們無法得知一位已死作者的精神狀態，但儘管如此，文本本身卻隱藏著推敲作者心理的線索。此外，精神分析批評也能從分析文本中虛構人物的心理，以及他們彼此間的關係，找出文本所影射的普遍人類處境。當精神分析批評的研究對象轉向經驗讀者（empirical readers）時，他們探討讀者閱讀給定的文本時，一些非認知、不被察覺的效果如何在讀者身上產生作用，從而為閱讀過程建立一套理論架構。

精神分析理論發掘了人類無意識的力量，而研究者透過精神分析批評，窺見那嵌於文本內的無意識驅力；由此「文本」成了精神分析的對象。精神分析理論將文本視為一種敍述性精神官能症（narrative neuroses）的徵候；它呢喃著各種壓抑、錯置、衝突、欲望的聲音。因此，精神分析批評提供我們另一路徑，趨近文本內在的心理動機。而文本自身存在的各種矛盾、猶疑、不連貫性、不協調感，都被理解為這自我衝突並分裂的文本主體的各種複雜驅力交錯影響的結果。

從精神分析的觀點分析詩篇二十三篇，我首先注意到：在傳統的批評中，詩篇二十三篇總被標誌為「信賴的讚美詩」(psalm of confidence)，而多數聖經批評也贊同此論。然而在精神分析術語中，「信賴」被理解為「願望的滿足」(wish fulfillment)。祈願、欲望經由文學修辭策略，轉化成「信賴」。詩中的羊緊緊抓住那些滿足的願望：牠永不缺乏飲食、慈愛與恩惠一生都將與牠為伍、牠不只這一次進入耶和華的殿，此後牠也將一次次回到那裏。然而，這一切都是未經真實生活起伏考驗的想像，也就是精神分析所謂之「幻想」(fantasy)。

第二，從精神分析的角度看來，詩篇二十三篇中存在著明顯的死亡願望(dead wish)。正如我之前所論證的，詩中所有的動作都指向羊的宰殺，但全詩對此卻保持沉默。如果詩中的羊恰如真實世界裏的羊，關注的一切只在此時此刻是否吃飽喝足，那麼牠會是隻幸福的羊。但當詩裏的羊開始推敲這幸福狀態將持續到永遠時，牠的幸福便蒙上陰影。因為最幸福的生命也終將走入死亡。有趣的是，當羊將自己的幸福推到極致時，牠自述：「我『一生一世』必有恩惠慈愛隨著我；我且要住在耶和華的殿中，『直到永遠』」，牠似乎以為自己將永遠活著。然而，羊內在充滿一股不可放縱且壓抑的欲望：牠要去耶路撒冷——耶和華的殿。對羊來說，這是一個致命的欲望，因為牠該知道，從自己的角度看來「耶和華的殿」絕對是個屠宰場。因此，前往耶和華殿的願望正是對死亡的願望。在最後幾行詩中，羊將「信心」(confidence)投射到含糊不清的未來，牠暗暗地承認，在死亡的另一側存在著永恆的未來。

第三，我先前提過，在此詩中，敍述者以一隻「無助而依賴的羊」再現自己。在性別分析批評中，我將此稱為「自我陰性化」(self-feminization)。然而從精神分析觀點，我稱此為「自我嬰孩化」(self-infantilization)。這隻羊毫無自我照顧的能力，牠必須依賴牧羊人指引方向、提供日常的飲食、保護牠脫離危難。這是隻永遠長不大的羊，牠永遠無法自主成熟。牠不會負責任，不會為自己做任何選擇，更不會承擔自己行為的後果。

第四，我想對此詩提出一個較少為人討論的特點：這隻羊想像自己是牧羊人惟一的羊；牠將自己與牧羊人鎖在一對一的關係中。然而在現實生活裏，羊是出了名的羣居動物。牠們羣居的本能是演化機制的結果，因為牠們必須對抗掠食性動物。羊必須與其他羊羣保持在視線範圍中，真實生活裏的羊若走失了，牠多半會努力尋找回到羊羣中的路。而這首詩中的羊卻毫無同伴意識，牠是一個獨居者。我們套用精神分析術語稱之為唯我論者（solipsism）。牠處於不自在而病態的狀態中，將自我以外的一切視為夢幻。一般認為，嬰兒生來就在唯我的狀態中，直到獲得語言認知後，他們才發現別人也有與自己相似的經驗感受。一位染上唯我病症的成人將陷入極度孤獨與疏離，他終將漠視一切現實處境。從精神分析觀點看來，這位詩篇作者正身陷這種危險；他重回嬰孩經驗，退出現實生活的人際交流。唯我論的綜合病徵常常出現在生活於人造環境中的人身上。生活在一個人造的環境（正如生活在北極冬天與航空站裏的人），願望一經需求即被滿足。美國太空總署曾對此進行一番研究，他們發現治療唯我病徵的方式，是使病者的生活環境出現一些超乎他所能控制的事物。當現實生活與所想像的不同時，病者便開始學習應付現實。如果現實生活與所想像的一模一樣，這人勢必陷入唯我病症。生活中那些超乎想像的事物使人感受到，世界比原所以為的寬廣許多。一個健康的靈魂必須居住在一個變化、無法完全掌握的環境裏。在那個世界裏，他需要照養一些（不論是植物或動物）有生命的東西；這些生命使他察覺另一個存在的現實。然而在詩篇二十三篇的世界中，詩人一無所缺（1 節）；他生活在既安全又可預料的世界。他不照養任何生命、不關心任何事情，他只需要關心自己。從精神分析的角度看來，他註定陷入唯我病症。

八　互文性批評

在聖經研究中，互文性批評（intertextual criticism）關注聖經中各文本間的交互關係，或聖經文本與其他文學文本間的關係。他們認為，作者會以交互指涉的方式改寫前人的文本；不過，通常在聖經研究中，互文性閱讀多指讀者在聖經文本間的相互比較。互文性批評提出的主要問題為：一個文本的意義在與另一相似文本進行比較後，會有甚麼影響？

互文性批評可視為索緒爾理論對「文本」而非「語言」的運用。索緒爾認為，語言是一套共時存在（而非歷時發展）的符號系統，是某一時間定點上的完整系統。「意義」並不來自字詞本身，而是來自詞語間的「差異」

（difference）——也就是來自這詞條與其他詞條間的相似或對比關係（例如**樹**、**灌木**、**植物**間的差異）。將這個概念用於文本中，索緒爾的語言學觀點成為文學結構主義的基礎；然而文學結構主義更關注文本敍述底下的深層結構，卻未特別注重差異所產生的意義。而「互文性」（intertextuality）卻從索緒爾對詞語差異的概念受益，他們發現文本的意義並非內在於文本自身之中，而在與其他文本的差異裏。

詩篇二十三篇中的羊有一個無法抑制的欲望：牠要去耶路撒冷。然而，當我們想到，對羊來說，耶路撒冷正是其致命之處時，耶穌的受難立時浮現於腦海。耶穌正如這羊，有一種不得不去耶路撒冷的願望。只是，耶穌與羊不同之處，在於祂完全悉知到耶路撒冷後的下場；到了那裏，羊只是面對自己的死亡（被宰殺），而耶穌的受難實際上更是一種自殺。

再來，「羊與牧人」也使我們想起福音書裏的比喻。福音書與詩篇二十三篇中的好牧羊人都聲稱自己完全顧念著羊。約翰福音十章裏的牧羊人擁有自己的羊羣，他甚至願意為羊犧牲自己的生命。不過牧人「願意為羊而死」的想法有點奇怪，因為死去的牧人再也無法引領他的羊羣（然而，從約翰福音十章18節看來，耶穌知道捨命後，祂將取回自己的生命。）福音書裏另一段「羊與牧人」的故事出現在馬太福音十八章12至13節、路加福音十五章4至7節；有一百隻羊的牧人，往山裏尋找那一隻走失的羊。雖說牧羊人找尋走失的羊未必基於人道主義式的關懷，但我們不能因此就批評牧羊人。這牧人可能為了自己「好牧人」的名聲，也可能為了向雇主交待而尋找走失的羊。正如詩篇二十三篇中的牧人，他「為自己的名」引領羊走正途，他也要維護自己「好牧人」的名聲。然而這並不使他成為一個自私的牧人，因為「好牧人」的名聲正表明他值得被羊信賴。這種說法賦予「牧羊人」概念更強烈的現實感，與我們過去慣常意識到的「牧人」有些不同。

正如我先前提過的，這些詮釋方法對文本的分析，似乎得出一些相對和諧的結論。讀者也許感到某些論點荒謬而牽強，但實際上我也不認為他們必須全盤接受這些結論。儘管如此，我相信其中某些論點會深植你的腦海，而我所期盼的也不過如此。

3

安定在眾水之上的世界（詩篇二十四篇）：讀者反應、解構、定製的詮釋*

吳致瑩 譯

* 這篇論文更早的版本發表在 *The New Literary Criticism and Hebrew Bible*, ed. J. Cheryl Exum and David J. A. Clines, Journal for the Study of the Old Testament Supplement Series, 143 (Sheffield：JSOT Press, 1993), 79～90。這篇論文最早在聖經文獻學會（Society of Biblical Literature）一九九〇年十一月於紐奧良（New Orleans）舉行的年度會議中修辭學批評段落發表，另曾載於 David J. A. Clines, *Interested Parties: The Ideology of Writers and Readers of the Hebrew Bible*, Journal for the Study of the Old Testament Supplement Series, 205; Gender, Culture, Theory, 1 (Sheffield: Sheffield Academic Press, 1995), 172～186。

我們來談談讀者的反應；或者說，既然現在正進行討論的人是我，那就談談「我」這個讀者的反應。

這首華麗而著名詩篇中，有些東西令我這樣的讀者難以接受。舉例來說，它認為世界是建立於洋海與川流之上。就詩人本身而言，他真的相信（難道不？）在堅石、塵土遍佈的陸地之下，存在著一個由流入的川河所填滿的地底水世界，而我們生存其上的這個世界正漂浮在這片汪洋眾水之上。但我並不這麼認為。甚至，說得更清楚、更明確些，我知道這個認知是錯誤的。

但這並非惟一我無法接受此詩的意識形態的原因。對我來說，詩中宇宙論的謬誤，不過是隱藏在詩表層底下那嚴重的地質斷層的岩石露頭。

我進一步要說的是，這首詩其實遍佈著與其宇宙論一樣令人難以接受的宗教思想，甚至這首詩的內部根本相互矛盾。此外，詩裏的意識形態與信仰禮儀對今日的我們如此陌生，即使面對一個善意的讀者（如我），它依舊發出無法被確定的聲音！那麼，我們該如何面對這樣一個神聖的文學作品？我將在最後對此提出回答。在本文中，我以三種方法進行討論：意識形態傾向的讀者反應批評、解構批評（deconstructive critique）、一種新的目的導向詮釋方法——我稱之為「定製的」詮釋（“bespoke” or “customized” interpretation）。

一　讀者反應批評

讓我先來談談作為讀者的我。對於詩的整體，我感到相當矛盾。一直以來，我都覺得這首詩陽剛有力、鼓舞人心。這種感覺部分歸因於當我閱讀此詩時，耳邊自動響起的背景音樂；音樂唱奏著在我五十年代信仰時期所流行的蘇格蘭男聲合唱（Scottish Male Voice Choir）。但詩中本身某種宏偉高尚的調子也的確吸引著我，至少吸引著那浪漫、熱情的部分的我。

我也承認並接受兩千五百年來，或甚至更久，這首詩曾是、現在仍是猶太教羣體與基督宗教團體虔敬崇拜時的乘具；不論這些團體可能變得如何醜陋，這裏我無意批評他們的宗教經驗。總之，我希望說些關於此詩正面、建設性的部分。

但另一方面，這首詩實則建立在兩個我所譴責的意識形態上：首先，它認為「聖潔」(holiness) 依附於地點場所；再來，它將戰爭 (war) 的勝利視為榮耀。

A. 聖潔

根據此詩，只有那些過著無瑕疵生活的人們有資格進入上主的殿中——就是那些手潔心清的人「能」或「該」登上上主的山，並站在祂的聖所之中 (3～4 節)。[1] 無疑地，這樣的想法似乎很合理：純潔的人與物屬於聖所，而聖殿之外 (*pro fano*) 則是世俗之地。但這在某個意義上卻表明了那「聖所」的聖潔需要將自己從不潔之人或物中隔離出來；也就是說，「聖潔」只要遇上污穢不潔就會被玷污。[2]

在這樣的敍述下，聖潔同時被理解為宗教崇拜上的聖潔與道德意義上的聖潔。當然，聖地之為「聖」並非道德意義上的聖；它之為「聖」只因宗教神聖者[3]將其標選為聖。相反地，人們的「聖」則是一種需盡其所能而達到的聖潔，他要自潔以使自己配得上聖地的神聖；這就是道德意義上的清潔（人努力達到的聖潔當然不是指獲取宗教聖職的任命，除非他剛好是祭司）。詩篇二十四篇敍述著進入「聖」所中的人們都是「清潔」的。道德上的「不潔」配不上這個「聖」所。

我使自己像一位讀者那樣審視我自己對這個文本的回應。我問自己：「我能忍受這種『會被玷污的聖潔』的聖潔觀嗎？如果這個世界裏包含著一些範圍上相對小的聖地（如上主的聖山或聖殿），它們被廣闊的非聖之地（如聖地域外之區）包圍著，並且非聖之處能玷污聖地，但聖地卻沒有能力影響非聖之處，這樣聖地還有甚麼未來呢？聖地受著威脅，不是嗎？如果它需要藉由排除不義之人進入聖所來隔絕污穢從而維持其神聖，它不正受到威脅嗎！如果不潔之人被認為應當與上帝的殿保持距離，假若他們無意間進入上帝的殿怎麼辦？聖地是否因此不再聖潔？

簡而言之，難道聖地受其守門員的擺佈嗎？我對自己說，何不將聖潔（聖所）視為神聖者的象徵（symbol of the

divine），而人的不潔不能減損其神聖？若它真配被稱為聖，它的力量難道不該在任何情況下都強過其對立物（不論其對立物為何）？何不將這神聖的臨在視作一強有力的淨化勢力，它輕鬆地對付罪人並以某種方法消解他們的不潔？假若這聖殿被認為是神聖臨在的居所，那麼不義的人在那裏遇見了與他全然不同的神聖潔淨，並從而醒悟到自己的不義，這樣，聖殿成了使人們悔改自己道德行為的場所。「聖潔」不再像詩裏所呈現的那樣一直採取防衛的姿態，聖潔本身也不再是那種需被小心保護的東西；相反地，它被認知為那能正面地改變一個羣體的強大力量。

然而，如果我「買」（“buy”，編按：有接受、同意之意）了這首詩篇，對於其聖潔的意識形態我也必須照單全收；而我最好清楚自己在做甚麼。

B. 戰爭

這首詩中第二個我無法接受的意識形態則是戰爭的榮耀；或者說視戰爭勝利為榮耀，而這樣的觀念支撐著整首詩。詩裏的人並不好戰，反而詩中的神祇是個好戰的神靈。從我的倫理角度看來，這只會使一切變得更糟。

事實上，對初次閱讀此詩的讀者來說（或者說對那些有求知欲及精讀的讀者來說），詩的走向令人感到驚訝。詩的第一個段落漂浮著穩定與建構的平和氣息；一開始登場的便是一個創造性的活動：奠立（founding）、安定（establishing）；這個被造的世界並無任何傾向混亂的迹象，也沒有暗示創造過程使世界秩序出現任何衝突。詩的第二個段落裏也沒有出現任何惡棍、或需被武力殲滅的組織性敵人。正是在這個世界穩定、人們良善的背景下，我們遇到這首詩最主要的真理：上帝居於聖山，手潔心清的義人上山尋求祂的面。然而這個上帝並不因為祂的創造能力（第一段落）或祂作為人們良善品德之源（第二段落）而受到敬拜頌揚，反而因祂「在戰場上大有能力」（8 節）並作為「萬軍之耶和華」（10 節）而獲歡呼。祂的「榮耀」是因祂「強而有力」，能以取得戰爭的勝利。在這首詩中，上帝創造世界並不榮耀；而祂作為手潔心清的虔誠者登上陡峭的錫安聖山朝拜的對象也無榮耀可言。「榮耀」為祂開通了進入古城老戶的道路，但這榮耀竟是透過戰場上的勝利而取得。

這裏，如同我們所見，戰爭裏的榮耀與尊譽無非在於勝利。戰勝者享有尊榮，戰敗者成為羞辱。但甚麼能造成戰爭的勝利，甚麼又導致失敗？不是開戰原因的正當性，不是戰士們的英勇氣概，也不是虔誠者的祈禱。勝戰是因人數眾多、結盟、戰術與機運。一個戰勝者值得被稱讚僅因他贏了。這不是我對榮耀的想法；對於有人說上帝之榮耀就在祂超凡的軍事技藝中，我也不以為然。

我們最好清楚自己在做甚麼。當我們贊同了詩篇二十四篇，我們正給戰爭開張空白支票、同意以戰爭形象描述神靈的意旨作為、並接受「戰爭必解決問題」這未經檢驗的假定。果我「買」了這首詩篇，我也為其中戰爭的意識形態賣了帳。

因此，從讀者反應進路注意到的詩中基本要素，就算不使現代讀者的心裏產生敵意，也會引發不確定感，至少我正是如此。這在在都顯示一種不確定；而我們能否斷然宣告這首詩篇看起來正宣告的東西？

二　一種解構批判

然而，這首詩裏還有著更嚴重的問題。接下來我們要考慮的，就不只是我們能否贊同肯定此詩，而是這首詩本身能否肯定它自己所宣告的東西。詩中是否有些部分對其所宣告的內容持反對意見，甚至消解了它原來所聲稱的東西？它是否根本就解構了自己？

是的，就在以下四方面：

1. 雖然全地、全世界都屬於上主（1 節），但並不全都「聖潔」。

在這個文本所屬的文化傳統中，「聖潔」通常被定義為與神靈相關聯之事物。在希伯來聖經中，神殿、天、祭司都是「聖潔」的，因為這些都予屬於神靈。這就是說，如果全地都「屬於上主」，那麼全世界都是「聖潔」的。

這樣，這首詩一開場所宣告的觀點，卻被隨後提及的「聖所」而消解了；這個「聖所」屬於上主，由詩中推知它在「上主的聖山」上（3 節）。假若全世界都屬於上主，如何能說**一座山**「屬於」上主？如果全世界都因屬於上主而為聖潔，又如何能說**某**地是「聖潔」的？

我認為這首詩雖欲堅稱整個世界無一例外地都歸屬於上主，它卻沒能維持這個觀點，反而讓第三節詩解構了第一節詩。

2. 雖然住在世上的一切都「屬於」上主（1 節），但其中一些人卻是祂的敵人。

同樣地，這兩種主張消解了彼此：要如何說這神祇

「擁有」自己的敵人呢？如果這神祇覺得有必要與其敵人交戰，如果要打敗這些敵人是那麼不容易以致於勝利被稱為「榮耀的」，那這些敵人怎麼在先前就被稱為是「祂的」呢？

因此，在提及戰爭衝突時就解構了這樣的聲言：耶和華擁有並主宰全地的居民，反之亦然。

3. 雖然登上上主的山顯明了這人的清白，但登上了聖山的人卻需要蒙上帝「稱他為義」。

那將登上上主聖山的人們得到一個允諾：他們必蒙上帝「稱」其為「義」。這就是說，他們現在還沒被指稱為義人，而且他們需要被證明為義人。

但這些人需要在誰的面前被指稱為義呢？假設上帝與這些人本身都清楚他們的品行美德，那麼這些人必定是在別人的面前需要被指稱為義人。然而，那些拒絕承認這些人為義的人在哪裏？這些義人又該向誰證明自己的德行？這首詩中沒有提到任何攻擊正直義人的惡棍，也沒有聽見這些手潔心清的人抱怨自己被較不正直的人迫害或虐待。

這首詩懇願無辜清白的朝聖者蒙稱為義，但解構地，卻指不出朝聖者何需被稱為義。

再者，既然只有手潔心清者被允許登上上主的聖山，朝聖者參加崇拜禮儀的行動本身就足以證明這些人的義。他們早已是義人，因而允諾將來的稱義變得沒有意義。

4. 在聖山上虔敬崇拜的人被要求該有清潔的手，並且不可使自己的靈魂傾向虛榮，但那神靈卻非如此。

這裏出現了雙重的道德標準。

朝聖者必須手潔心清，否則他們會玷污聖山的聖潔；但那神祇從戰場回來卻直接登上這山，而他的手還滴著鮮血呢！難道「眾城門啊，抬起頭來！」意味著「撇過頭去，別看！」？

朝聖者不可使自己的靈魂傾向虛妄的榮耀，但這神祇卻率軍戎在砲口中尋找幻影般的榮譽！「榮譽」（reputation）不過是莎翁式的「榮耀」（glory），而追求戰爭的榮耀恰恰正是將靈魂投向虛妄。

簡言之，受崇敬的神祇身上那些被頌揚的特性，實則解構了朝聖者被要求具備的特質；反之亦然。

這幾點雖非全部此詩自我解構的地方，卻也是最核心的部分。這樣問題就出現了：我們該怎樣看待這樣一個文本呢？

三　定製的詮釋

在本文接下來的部分中，我想提出一個處理這問題的架構。我稱之為一種目標導向詮釋法（a goal-oriented hermeneutic）、使用者理論詮釋（an end-user theory of interpretation）、市場哲學詮釋（a market philosophy of interpretation），或「比較詮釋」學科（a discipline of "comparative interpretation"）。這個架構有兩條參照軸：第一是未定的意涵。第二是詮釋團體的權威。

首先必須承認，文本並無確定的意涵（meanings）。不論一個文本在某個脈絡中的意涵為何，當它被置於另一個脈絡時，總會產生不同的意思。當"bus stop"與路邊杆牌相聯時，它指「公車站牌」；但它若出自焦急的父母口中，向著衝入馬路的小孩吼叫，那就指別的意思了。

我們還可以進一步。現今我們都承認文本不僅沒有確定的意涵，它們根本「沒有」意涵。在產生意義上，我們愈來愈重視讀者或聽者的角色；沒有讀者或聽者，任何文本都不存在「意義」。詩篇二十四篇對各樣的讀者有著各樣的意義；它對於處在不同環境背景下的讀者有著不同的意涵。並不存在一個惟一真實正確的意義，讓所有人竭盡所能去挖掘。

我架構中的第二條參照軸是從詮釋團體的想法而來。如果我們問：誰能使某種詮釋或理解合法化並賦予它權威？誰能宣稱某個想法算是一種詮釋並且不被拉出庭外呢？答案必定是某些團體、羣體。一些讀者以唯我論者的態度編造出某些詮釋理解，這儘管可笑，但若沒有那接受這些詮釋的羣體，他們也不會存在。有些詮釋經由聖經文獻學會（Society of Biblical Literature）認可，有些被教會團體接受；但更多的被附屬於這些團體的小羣體所接受，如基督教次經互文性研討會（Intertextuality of Christian Apocrypha Seminar）等。如今，詮釋的市場已經愈來愈分裂，有時我甚至認為，我若能向六個人售出自己的詮釋，就已經很幸運了。

我們能否稱某個詮釋是合法正統的，端看這個詮釋是否贏得一些團體的贊同。並不存在一個客觀的準則，使我們靠它判定某種觀點是對是錯；我們知道只是這觀點被接受與否。今日的學術團體認定何為詩篇二十四篇的合理詮釋，它就是合理的詮釋；而在我的團體還不認可我的詮釋之前，它仍不被接受。

當然，被某個團體所接受的詮釋，對另一些團體來說可能是天方夜譚。一個當代大學裏的神學院可能不會認同——舉例來說——聖奧古斯丁（St. Augustine）與他的羣體對於詩篇二十四篇的詮釋；同樣地，對於許多出自這些學院的詮釋，聖奧古斯丁也不會認為那些算是神學。不存在確定（限定）的意義，也沒有普世認同的合法詮釋。

那麼，我們這些詮釋者該怎麼辦？我們該向誰籲求解釋權？我們的工作可以從哪裏獲得認同？最重要的是，誰願意買我們的帳呢？

長期以來，學院裏對此最為簡單的答覆就是，我們只能從學術圈裏的同伴中尋求認同。如果我們的論文為《古經》（*Vetus Testamentum*）或《新約研究》（*New Testament Studies*）所接受，它就是正確合理的，如果不被接受，它就是沒道理的。

然而，這個安全的答案開始碎裂了。我們開始發現，在英國劍橋被認可的某個詮釋，麻州（Massachusetts）的劍橋未必認可它，更別説在瓜地馬拉（Guatemala）、雅加達（Jakarta）和首爾了！「學術圈」內的同質性已經顯現分裂增生的狀態，而許多較小的共同利益羣體漸漸取代了「釋經」（Bibelwissenschaft）的威權統治。愈來愈多學者開始從非純學術的團體中尋認同。

這給我們留下甚麼結果？

如果並不存在「正確的」詮釋，並且在各種利益團體的認可之外不存在合法的詮釋，聖經的詮釋者必須放棄追求確定且普遍被接受的詮釋，從而投身生產各種能被銷售的詮釋，以各種形式滿足他們所決定服務的團體的需求。

這就是我所說得按顧客意思「定製的」詮釋。就像一位做定製衣服的裁縫師，他照著顧客的身材與需求，從一卷布量製成一套顧客專屬的衣服；接受定製訂單的詮釋者也有著超凡的技藝，他針對有意購買詮釋的各種利益團體，縫製符合其需求的詮釋。關於詩篇二十四篇的某些觀點，會讓教會團體願意掏錢付帳並穿上它；有些看法則只賣給入了解構主義會籍的羣體或自由自在的學術分子；還有一些觀點，連那些離經叛道的人都願意試穿看看。

就算你裁剪縫衣不單單順著布料本身，反而參酌顧客的身材，也不是甚麼不道德或沒原則的事。雖然在市場經濟中，沒有人會強迫你違背自己的良心，但你若要堅持原則就必須付出代價。就像一位定製詮釋生產者回應著市場的需求，我也不關注詩篇二十四篇中的「真理」，或那些被普遍認可的詮釋；我要著眼於那些曾被粗劣地編縫一起、不耐久且已消亡的詮釋。然後我要致力於生產一種可以換取好價錢的迷人的詮釋。

今天,從事這項工作並不需要從頭開始,因為這個方案也有其綠色維度。[4] 這很符合生態學觀點:設想一下,回收各種想法過時而被棄置的老舊詮釋,再重新利用。在這個因應各種團體的需求而縫製詮釋的任務中,出現於聖經詮釋歷史中的一系列詮釋將可以幫助新的詮釋編縫者。事實上,那常被稱為「詮釋史」的東西,早就準備好被再次構思為「比較詮釋」[5] 學科,它提供原料、方法、批評、樣本,幫助設計工作生產出易懂且有創意的詮釋給最終消費者。長期以來,許多過往的詮釋都被歸併於詮釋的「歷史」這個標題之下,帶著一種未説出的假設,認定舊的詮釋必定是過時的、且極有可能是腐敗的;同時暗示著,新的詮釋就是最好的。

我們必須承認,今日人們對於這個文本的理解,可能受助於歷史中任何一個時點上,那些對此文本曾有過嚴肅思想的人;並且在放著韋瑟(A. Weiser)、達奧特(M. Dahood)的書架旁,擺上奧利金(Origen)、奧古斯丁、中世紀拉比拉希(Rashi)、阿奎那(Thomas Aquinas)、路德(Martin Luther)與加爾文(John Calvin)的註釋書。只要他們的著作還存留著，他們就是我們這時代的同伴，他們的作品交相地為我們的詮釋事業提供了原料。

最後，針對詩篇二十四篇末幾節詩行——關於「榮耀的王進入古老的門戶」——我提出一些基督教的詮釋樣本作為例子。

正如所有今日的評論者所被要求的，讓我們假設，在古老的以色列時期，這首詩原被用於聖約櫃第一次進入耶路撒冷城的慶典中；也可能，伴隨著這首詩發生的，是象徵耶和華臨在的聖約櫃，在某個年度祭儀中被抬出城，隨後又在歡樂的慶典裏回到城裏的聖殿。這可能正確，也可能是錯的。作為一個聖經的讀者，這麼說可能有點大逆不道，但「誰想知道這個呀！」我，作為一個二十世紀末的基督徒（如果這真是我的話），難道需要那麼關心古代的以色列？所有其中的人都已經死了，而我卻要一直讀著這首詩，只因它出現在我花了大把鈔票買的聖經中，而這聖經卻屬於古以色列遠多過屬於我？

難道我不能問：「那榮耀的王之於我，究竟是誰？」這些字詞與我何關，又與基督信仰的核心形象何關？而你們這些舊約聖經的註釋者：如果你們不能回答我的問題，或你們認為我不該提出這個問題，那麼請告訴我，你們拿我在教會奉獻袋裏投下的錢做了甚麼？[6]

我想，對我、對與我有著相同理解的團體來說，這位榮耀的王就是耶穌基督——我信仰的核心。這樣，閱讀此詩時我開始問：詩裏的描述與耶穌基督生平中的哪個時期或事件相關？對於這個我首要關注的核心人物，詩篇二十四篇告訴了我甚麼？尼爾（J. M. Neale）在其著作《上古與中古作者詩篇註釋集》（*A Commentary on the Psalms from Primitive and Medieval Writers*, 1869）[7] 中，說到古代作者曾提出的七種適合此類基督徒讀者的詮釋，現在就來看看其中三或四種。

拉丁教會裏最常見的詮釋，是將門戶解釋為陰間之門；基督受難至復活的期間，祂下到陰間，凱旋進入陰間之門。舉例來說，在公元四世紀中葉前就出現的《尼哥德慕福音》（*Gospel of Nicodemus*）裏，[8] 我們被帶進地獄的場景：撒旦成功地使耶穌被釘上十字架，現在他盤算著將耶穌牢牢地困在陰間。然而，擬人化的「陰間」卻害怕耶穌的到來，因為他曾聽說拉撒路的復活，而現在他怕耶穌下了陰間後，會對所有住在其中的人施行像拉撒路那樣的復活奇蹟。隨即我們讀到：「那兒出現了至高者之子的聲音，如巨雷般的響聲，祂說：『抬起你們的頭來，喔眾首領啊（O princes）（在《武加大譯本》〔Vulgate〕中讀到的這首詩篇正是這樣寫的），眾城門啊！你們要被舉起來，古老的門戶啊，好讓榮耀的王進來。』」陰間回答：「誰是那榮耀的王呢？」那聲音再次響起：「就是那強而有力的上主，在戰場上大有能力的上帝。」接著，陰間的城門與屏障突然崩裂，榮耀的王以人的形象進入陰間。撒旦被鎖鏈捆綁，亞當、眾族長、先知、殉道者跟著基督升上天堂，地獄極其傷心。

接著我們看看另一種解釋（詮釋）：不是痛苦的地獄，而是基督升天。城門變成了天堂之門，眾天使的聲音響徹著，彼此說道：榮耀的王正升上神聖的錫安山；這是一個歡迎接待的場景。奧古斯丁如此說：

> 眾天使注視著基督身上榮耀的傷痕，看見了聖德的標幟閃閃發亮，他們心裏充滿景仰崇拜之情，因而迸發一首聖詩《誰是這位榮耀的王？》（*Quis est iste Rex Gloriae?*）。天使稱祂為榮耀的王，不是因為看見祂充滿威榮，而是因為看見遍佈祂身上的傷痕。[9]

我們不需就此打住；雖然不存在正確的解釋（詮釋），但卻可能有不好的解釋。對尼撒的格列高利（Gregory of Nyssa）來說，「誰是那榮耀的王？」關係著兩個不同場景裏的兩場戰爭。他認為第一個場景是基督自天降下成為肉身，自此，天上的權勢「告訴（守門員）：他就是在戰場上強而有力的那位，祂來要與那位囚禁人類為奴者交戰。」第二個場景是基督復升天堂，祂已勝過一切權勢，是那萬軍之主。[10]

只有從這個觀點，我們才開始走進「門戶」、「進入」、「抬起來」這些字詞的隱喻意涵。莫札拉布（Mozarabic）的〈彌撒書〉（Missal）則以另一種方式使用這些詩詞；它作為一首短禱文，在聖餐祭禮中餅酒化質為基督的血肉前被吟誦。列舉未盡。這首詩在基督教的詮釋下，出現了多種解釋；但不論是哪種，都已超越了其原先在古代以色列歷史上的意義。[11]

每種新的詮釋都創造了一條通往此詩意涵的新途徑。既然每一羣新的讀者都產生一個新的閱讀位置，那麼在開發新的詮釋時，就沒有任何屏障界限。「你的處境還是我的處境？」成了定製詮釋者的首要問題。這些詮釋者手邊總有一堆現成的詮釋，當定製電話響起時，新市場燃起了他們的熱忱，詮釋者便竭盡全力動手工作。

現在，這裏就有一種嶄新的詮釋，是你家街角那位和善的定製詮釋者所提供的。來嘛，買一下。這不是一種基督教的詮釋，而是一種非關宗教的詮釋，它處理的是語文的隱意而非表意；況且既然這首詩的語文已被過度地定義，這樣你也不需要放棄那些你已有且喜愛的具他詮釋。

比如說，詩篇二十四篇是一首關於建造世界、趨向世界的詩，是一個將自己奠於中心的世界（在上主的山上），人們要登上這居於中心的世界之山、進入其門戶之中。又譬如說，這個被建造的世界就是意義的世界（world of meanings），而這首詩旨在創造一個這樣的世界，其中的意義堅固牢靠使世界能不斷繼續下去。因此我們在詩篇二十四篇中慶祝一個被奠立的世界，我們在這裏總能找到登上上主聖山的方位路徑，如同一個可以令維特根斯坦（L. Wittgenstein）說出：「現在我能繼續了」的世界。這世界有方向、有高度，是適於居住的三度空間。

在這個意義的世界裏，全地都是沒有差別的空間，但卻存在一個特殊的空間，那是一座特定的山，是我們這些意義的追尋者所嚮往登上的山。為了登上這座獨特的意義之山，我們需要一個清潔的心，當然，因為純淨的心才能只想望一件事；而且我們不能詭詐地指著理論的假神起誓。現在，我們每個人都獨自地踏上追尋意義的旅程：「誰（單數的）能登上上主的山呢？……就是手潔心清的人……我們以單數的自己登上這山，但是當我們領受了祝福（也就是為我們的追尋旅程辯明稱義的祝福），我們發現自己在意義的追尋者那一類人之中，這不折不扣的正是費雪式（Fishian，編按：Stanley Fish 是強調羣體於解釋文本的重要性的美國文學批評家）的羣體詮釋：「這就是求問你面的那一類人……」

那個登上山的人，他／她本身就是一個榮耀的王。這本身原沒有甚麼榮耀，因為榮耀意味著受到他人尊重。榮耀是在到達意義追尋的終點時，受到大家的認同與讚揚。這裏雖然不是軍事戰區，但你仍需掙扎地面對難以掌控的經歷，與那已然在其疆土上的一列列令人困惑的詮釋。

將自己置於中心、使自己知道該走哪條路，正是在建構一個現實的世界，這是一個穩定世界秩序的大業。但如果有那麼一刻我們問問自己：我們這些上主的聖者將這穩定世界秩序的大業安置在甚麼基準之上？我們發現我們所建造的這個世界不是立於柱石之上，而是浮在洋海江流之上。我們乘著符徵（signifiers）的竹筏，而符旨（signifieds）在竹筏下面悄悄流動，像隻頑皮的鼠豚；然而，我們卻要面不改色，**彷彿**世界的根基穩穩地扎入了堅固的岩床。我們無法一直凝視著世界底下那解構的汪洋眾水。

我常常在想，解構了一個文本後該做甚麼呢？一個真正的解構主義者會說：開始解構那個解構。但我想，對於一個執行過或目睹過解構的經驗讀者來說，有一個答案更為確實。要忘掉一種解構並不容易，你很難將它清出腦外。但那個需要秩序多過於解構的心智，將會好心地引領我們再次建構、編纂新的隱意、新的脈絡、新的相互關係以支撐文本，儘管只是暫時可行。

這就是我在此篇論文完成之際的感受。我想呈現這個文本的易碎性與不穩定性，還有它的弱點與不合邏輯之處。這麼做並不是要大家放棄這個文本，轉而投向別的立論強而爭議性小的文本，而是要突顯文本普遍的易碎性、詮釋的無結論性，以及一種無論如何都想將各種詮釋縫製在一起的衝動欲望。將各種詮釋織縫、交織在一起，不論是為了產生對某人有意義的解釋，或因為渴望尋求某個詮釋團體的肯定（或勉強地得到認可也行），這麼作都再次強化了文本。我們最多只能期望這樣。這彷彿在建造一個宇宙，巧妙地把所有東西一針針地縫織起來，但最終卻將其安置於流動不可測的地下眾水之上。這就是一種關於詩篇二十四篇的詮釋。

4

詩篇二篇與「摩押解放陣線」*

陳永財 譯

* 本文原載於 David J. A. Clines, *Interested Parties: The Ideology of Writers and Readers of the Hebrew Bible*, 242~275。本譯文註釋部分經修訂簡化，詳細註釋請參原書。

我準備接受糾正，但我相信到目前為止，所有關於這首詩〔指詩篇二篇〕的解釋和註釋都採納文本的觀點，而且假設閱讀學者註釋的讀者，也有與文本和作者相同的意識形態。[1] 他們視為理所當然的是，我們都有同一意見——無論是作者、註釋者、還是讀者。在這篇文章中，我想揭示存在於這些不同羣體之間的張力——作者和註釋者之間的張力（一般被壓抑），以及註釋者和讀者之間的張力（一般被忽略）。這文本不單是關乎衝突；它也引發衝突——意識形態的衝突。

一　文本的世界

這首詩源自一個衝突，而且它完全是關乎應該怎樣處理那個衝突。那是耶和華、祂的受膏者和詩人與外邦和它們的君王之間的衝突。因此，在文本的世界有超過一套利益。我們可能以為評論這首詩的學者會盡最大努力不偏袒衝突的任何一方，以抽離和客觀的方式評估主要人物的不同宣稱，就好像傳統以來的學術追求那樣。但事實並非如此。

為了將衝突帶到前場，並開始提出經文本身和學術傳統都有系統地壓抑的那一方的立場，我發覺需要給詩中稱為敵人者——第一節的「外邦」、「萬民」，第二和十節的「地上的君王」和「審判官」—— 一個名字。辯論時一個著名的特點，是不承認敵人的身分，不承認他們本身是人。[2] 在這裏，在衝突一方的代表有特定的名字：耶和華、祂的受膏者、祂的君王、祂的兒子；他們身處地球上的特定地方：耶和華的聖山錫安。但另一方面，對他們敵人的稱呼則只用最籠統的詞語：外邦、萬民、君王、審判官。而且他們並非在地上任何特定的地方，只是不確定地在一般的地上。我稱耶和華和祂的受膏君王的這些敵人為「摩押人」（Moabite），不是因為我有一刻以為這首詩提到的叛逆百姓實際上具體地是摩押人。[3] 我用「摩押人」作為象徵的名字，代表那些被以色列王奴役，渴望脫離領主的人民。[4]

這些就是這首詩的劇中人物。在這首詩中有甚麼事情**發生**？地上的不同國家受制於以色列的君王。他視自己為由一位宇宙的神〔編按：本文原文的 god 均譯為「神」，而 God 則譯為「上帝」〕委派。現在這些國家聯合起來，反抗這位耶路撒冷的君王，希望脫離以色列的統治。他們說：「我們要掙開他們的捆綁，脫去他們的繩索」。這些非以色列人在詩中不單是臣服於別人的百姓，或不屬於自己的帝國的公民，而且是奴隸，受到奴役和束縛。他們的叛亂是民族解放運動的一個典型例子，要求的只是脫離壓迫。這裏沒有提到要侮辱以色列人，運用權力對付他們，攻擊他們或懲罰他們。「外邦」的整個野心只是脫離以色列的控制。這些國家輕視以色列的統治，也不是出於任何邪惡或可鄙。甚至不是異教的信仰或虛假的崇拜驅使他們拒絕耶和華及祂的君王。[5] 他們的衝動只是渴望脫離奴役。

這就是這首詩開始時的情況——從敍事角度說是戲劇的說明。令這個開始的情況變得「複雜」的是以色列輕蔑地對抗這叛亂。以色列這個觀點的一個顯示來自第一句話，敍述者或説話的聲音以已經帶有偏見的方式描述那叛亂。藉著將外邦的合謀以一個修辭學的「為甚麼？」問題來描述，敍事者是要以這首詩〔原文〕的第一個詞説明，他們的試圖註定要失敗。那「為甚麼？」表示一個否定的答案，他們的努力只是浪費時間。在第一句話的最後一個詞——「虛妄的事」，我們再次看到這個描述完全不客觀，對「外邦」的叛亂的描述包含一個反對他們的決定性判斷，「預期這叛亂為『虛妄』，[6] 猛烈地加以指摘。」但報復的態度，藉平行體（parallelism）描述得更準確：[7] 單從第一行（1 節上），我們可能猜不到那些問題實際上是修辭性的，但第二行毫無疑問地限制了第一行的含糊性。第二行提供的那「盈餘」（surplus）字眼，即「虛妄的事」——是在第一行沒有對應的，這迫使讀者回到整個對句，將那雙重的問題重新理解為一個決定，而不是一個真正的問題——就是這首詩的精髓。從以色列的角度看，外邦的叛亂是虛妄的。

詩中以色列人對外邦爭取解放的回應，一方面描述他們的神（diety）對外邦的願望的輕蔑；另一方面他是以色列王的話，表明他有權要他們臣服於他。他宣稱他的神將外邦賜給他，他可以有權和理想地以鐵杖統治，可以在喜歡時毀壞它們，就好像窰匠的瓦器一樣。簡單來說，以色列君王身為權力的擁有者，而以色列詩人身為他的宣傳者，他們拒絕「摩押人」的宣稱，也拒絕承認「摩押人」有任何自決或政治自主的權利，哪怕只是為時一刻。

以世界的標準和從廣闊的歷史畫面來看，我們可以同意帝國抗拒這種民族的渴望，是沒有甚麼地方是特別醜陋的。在這裏，和帝國歷史的很多情況不同，領主並沒有訴諸種族滅絕，或者虐待或殘酷懲罰叛亂的領袖。以色列的回應只是宣稱他們的神鄙視解放運動，威脅說耶路撒冷的君王會更嚴厲地施行統治，還會持久地發怒（12節），並勸他們屈服和懼怕。不過，以色列的回應，毫不含糊和自負地是一種典型的不敏鋭的帝國專制統治。

二　學術傳統

在這一節，我嘗試找出當面對以色列和摩押解放陣線（Moabite Liberation Front，編按：作者簡稱之為“MLF”）之間的衝突時，現代學術對這首詩的一些主要傾向。

A. 目光短淺的傾向

關於詩篇的學術傳統最驚人的特點，是註釋者對「摩押人」的觀點幾乎完全盲目，也沒有察覺經文投射出一個真實衝突的狀況。這首詩採納的策略是藉著將以色列的敵人變成被嘲笑的對象，將他們的重要性減到最低。而註釋者也跟隨這種做法。

我説「幾乎完全」，因為也有少數迹象顯示「摩押人」的批評闖入了一些人的意識——雖然這些話一説出便立即被壓抑。這裏有韋瑟（A. Weiser）：

> 這裏提出一些表示統治全世界的宣稱，而在以色列的歷史中，從沒有找到任何可以支持這些宣稱的時刻，我們必定不應該堅持視這宣稱為「不能理解和不能容忍的自大」的專橫話語嗎？[8]

但他立即回應自己對這首詩那隱含的批評：

> 只有那些將注意力集中在歷史可見的表面，以致不明白由上帝（God）這位普世歷史的主控制的隱藏推

> 動力的人，對這個問題才會給予肯定的回答……在錫安的君王是上帝的受膏者……如果思想得夠深入，這個觀點便不是表達狂妄的專橫，而是給予確據——來自信心的——一個異象。[9]

有一刻浮現出來的疑惑很快便由來自（信義宗）信仰的肯定平服下來。

同樣，在提到宣稱以色列的君王會摔碎地上的列國時，韋瑟容許它「似乎是十分大的誇張，如果純粹從以色列內部歷史的立場來看」，但它實際上「有力地表達對上帝奇蹟般的大能一種強烈的信仰」。[10] 將敵人好像瓦器般摔碎這種語言可能和埃及的王室銘文相似，但

> 彼此相似的言詞，表達人對權力的欲望，好像在古代東方的神諭中；還是表達見證信心的異象，好像在舊約中，人的眼目仰望地上那神聖審判官的能力。這兩者是有分別的……[11]

註釋者不能設想有另一種觀點已經銘刻在他的文本中，也不能想像摩押人觀點的存在質疑他自己那輕

易的肯定。

B. 道德化／神學化傾向

我閱讀詩篇二篇的註釋得到的第二個印象是，現時對這首詩的解讀中普遍有徹底的道德化或神學化。

1. 文本的世界。這種解讀，和這首詩本身驚人地沒有道德或神學面向，形成強烈的對比。這首詩實際上描寫反對耶路撒冷的君王的統治，因此，根據推論，也反對耶路撒冷的神的權威，但詩中卻沒有把耶路撒冷人的外邦反對者描述為邪惡或惡毒的。在這首詩中，他們惟一的罪行是想脫離君王的統治。因此，即使在文本的世界中，耶路撒冷人和外國人之間的衝突首先和首要地是政治問題，而不是**道德**問題。

而這也主要不是**宗教**衝突。雖然詩人確實指出列國的叛亂是「敵擋」耶和華。但對詩人來說，這並非表示列國否認耶和華是真神，或者否認以色列的崇拜正確地規定人應該怎樣向神聖者獻上崇拜，或者反對某些這類神學性見解（*theologoumenon*）。毫無疑問，外邦確實否認這些事情，但他們的叛亂不在於這種否認。他們叛變，不是因為他們不能接受以色列的宗教的真理，或者不能屈從於對耶和華的崇拜；而是因為他們發覺自己在以色列君王的政治霸權之下，他們視這為壓迫。[12]

因此，雖然詩人把他們說成敵擋「耶和華」（和祂的受膏者），以及稱聲他們說：「我們要掙開**他們**的捆綁」（耶和華及君王的捆綁）——毫無疑問，敵擋神比單敵擋君王更糟——當詩人實際描述他們的叛亂時，那是政治性的，在對抗一個君主的統治，而不是宗教性的在對抗一個強加在他們身上的宗教。

我們問「誰是這位耶和華？祂是甚麼神？祂對人類怎樣？對他們有甚麼期望？」時，得出同一個結論。在詩篇二篇以內的回答一定是：祂授權和支持以色列的君王。祂並不需要崇拜，祂並不制訂法律，祂並不要求人類的道德行為，實際上祂並不與一般的人類溝通。在這首詩的世界中，祂為了一個原因存在，而且只是為了一個原因——祂保證以色列的君王有權統治列國。在這個角色中，祂責備列國抗拒君王的統治，說：「我已經立我的君」，祂向君王保證，祂是君王的父，祂應許君王，地上的列國會成為他的財產，祂也授權君王以鐵杖打破他們，將他們如同瓦器摔碎。而如果我們不禁想，第十一節勸君王和審判官存畏懼「事奉」耶和華是甚麼意思，第十二節似乎清楚表明，他們事奉耶和華會包括——不是宗教上的崇拜，正如「事奉」這個詞可能暗示那樣[13]——服從君王。他們是藉著在服從中親吻君王而事奉神。[14] 簡單來說，就這首詩來說，耶和華身為神的功用是授權君王的政治權力。[15]

2. 註釋的世界。但我們閱讀註釋時發現甚麼？政治問題被壓抑，並宣稱這首詩重要的絕對是**道德**和**宗教**問題。因此，例如一位註釋者寫道，詩人「以先知對受造物的傲慢的鄙視，提出他的問題〔1 節〕」[16]——我們知道「傲慢」是一種**道德**的缺失（至少，如果你是受造物，它便是道德的缺失）。註釋者說，但當然，我們在這首詩中處理的不是輕微的道德缺失。這首詩描述的是光明和黑暗之間，宇宙的良善和邪惡之間的基本衝突：「上帝自己的王權的神學，總要處理猖獗的邪惡這個問題」。[17]「君王得到上帝加力，克服所有邪惡。」[18] 列國的叛亂在註釋中被轉譯為反宗教行為，而君王的政治權威則被轉換為神的宗教權威。根據這個解讀，詩人主要完全不是談論君王，而是「描述耶和華對全地的無限權力……詩人告訴那些不滿的統治者他們要懼怕誰——是耶和華而不是祂的『受膏者』」。[19]「〔這首詩〕的外在情景描述……試圖脱離上帝的統治，和要求服從上帝的統治。」[20] 這首詩對註釋者的主要神學問題，不是應該怎樣對待別人這個倫理問題，而是形而上的問題，詩人將「上帝的兒子」這個稱號歸給一個人類君王，而我們都知道舊約怎樣堅持耶和華的不可相比和獨特性。[21]

C. 普世化傾向

由於這首詩所描述的行動涉及一位神，註釋者中的神學家（註釋者對非以色列的宗教有理智上的委身，一般被視為是優點而不是弱點）認為他們對自己神學中的上帝所知道的一切，都適用於這首詩中的神聖者的品格。而由於他們認為（好像我們所有人一樣，受到歷史和文化訓練）配稱為神的必定是普世的神，有普世的能力和普世的財產權，他們認為這首詩理所當然地假定耶和華是普世的主宰。因此，我們在註釋中讀到，「Yhwh 的財產是全地（比較詩二十四 1 等等）」，[22] 而且註釋告訴我們，「詩人提出一個預知的結論：耶和華實際上是全地的主」，[23] 而在這首詩後面是「以色列人相信耶和華……是全世界和它所有歷史的主」。[24] 有時，註釋者說整首詩主要是關於神聖者的能力；例如：安德森（A. A. Anderson）在註釋中用「謀事在人，成事在神」[25] 這個題目。同樣，註釋者也說那君王宣稱有普世的統治，例如：「他那全球的管治和權威這個了不起的宣稱，是以先知的信仰為基礎而提出的。」[26]

但這首詩完全沒有提出這種普世的宣稱。[27] 那些現在受制於「耶和華及祂的受膏者」的是「列國」和「萬民」，他們以合謀的「地上的君王」和「審判官」為代表——也就是說，不是地上的**所有**國家和**所有**君王。[28] 當耶和華應許耶路撒冷的君王將「列國」賜給他作為基業，將「地極」賜給他作為田產時，並沒有說**所有**國家，祂所說的「地極」也不一定表示**地上邊界以內包含的一切**。我們甚至不能肯定祂談及的是「地」(earth)而不是「土地」(land)，因為「地」字〔原文〕可以有這兩個意思。[29] 而且，祂應許將這些列國「賜」給君王，並不表示祂——耶和華——已經在某意義上「擁有」它們或「統治」它們，[30] 祂是應許將它們當為戰利品賜給君王。正因為這樣，君王必須先「求」才得到它們。如果君王因為世襲而有權得到它們，他便不用「求」才得到它們——除非他提出要成為浪子，預早得到自己世襲得到的財產。這裏設想的是君王會「求」耶和華，在他進行重新征服敵國的戰爭中[31] 給予肯首和幫助(因而會將敵人交在他手中)，因而要鍛造的話。同樣地，耶和華說君王會將他們將像瓦器一樣摔碎時，心裏想到的不是將財產從祂那裏和平移交給君王。這是戰爭行動的語言，而不是統治和簡單的作主人的話。[32] 人們並不會將自己的財產好像瓦器那樣摔碎，損害自己的利益。

簡單來說，這首詩的學術傳統是關於主宰世界——無論是耶和華還是以色列的君王；而在文本的世界，它卻是關於君王盼望在對抗特定的叛亂國家時能夠取得軍事勝利。

D. 理想化傾向

詩篇批評近期的一個傾向是視這首詩為不是源自被擄前的以色列，而是源自被擄後被壓迫的羣體。這樣的效果是轉移對它那侵略性（agressiveness）的批評。因此，對霍斯費爾德（Frank-Lothar Hossfeld）和岑格（Erich Zenger）來說，詩篇二篇那需要承認的「侵略性」計劃不應該被視為有權力的國家那現實和可以實現的野心，而應該被視為受威脅的少數民族，緊抓因為它的神的應許而有的盼望和異象。[33] 以相同的脈絡，格斯滕貝格（Erhard Gerstenberger）寫道：

> 撰寫和使用詩篇二篇供會堂敬拜[34]的詩人／敬拜主持人／神學家，想在一個迴響著外邦軍隊的噪音和外邦神祇的宣傳的世界中，增強猶太人的身分。作者強調列國和它們的神所有表面的力量都是虛幻的。全世界的真正主人是耶和華，祂有一天會顯明祂的受膏者和祂揀選的百姓參與管理世界。這是多麼偉大的夢想，對被踐踏、受苦的猶太羣體是多大的安慰和喜樂！[35]

如果受壓迫的少數民族這樣安慰自己，模仿一個東方帝國的語言和野心，那麼亞述和埃及真的贏了爭奪內心和思想的戰爭，得勝的是他們的意識形態。我們可以問，被壓迫的羣體相信列國的力量是虛幻的，究竟有甚麼好處？相反，正是他們領主的力量令他們被壓迫；如果那力量是虛幻的話，他們的苦難也是虛幻的。如果受壓迫的人的詩人和宗教領袖，説服他們相信自己從沒有失去自由，他們有隱藏的資源，「有一天」他們會發覺自己是真正的主人，從身為「被揀選的百姓」這個有權力的位置管理世界，他們便永遠都不會得到自由。這只是刺激他們幻想，不是與真實的世界交往。這樣閱讀這首詩，不單是屈從於殘暴的帝國主義的理想，同時也是隱遁和失敗主義的做法。

在我們這個時代的註釋者，這種取向代表一種理想化傾向，因為它將這首詩的暴力和它壓抑列國自決的宣稱，變為無助的少數民族的呼喊，他們想得到公義多於權力。

E. 淡化輪廓

這首詩有一些尖刻的元素，解釋的傳統傾向將它們「應付過去」（manage）和減弱。當中有四個元素可以一提：

1. 耶和華輕蔑地回應列國對獨立的渴望。[36] 這首詩的神不單不讓臣服的百姓獨立，更取笑他們提出他們有權這樣做。註釋者有時顯示他們對神這個回應的不安（克勞斯〔Hans-Joachim Klaus〕稱它為「強烈的擬人論」〔shrill anthropomorphism〕[37]），但卻致力抑制經文和自己的不安。神的嘲笑變成只是「表達他的主權、尊榮和崇高」。[38] 而當然，我們需要記得，「嚴格來說，上帝不會憤怒或暴怒，祂的審判總是平靜的，但聖經用比喻方式說祂發怒或憤怒」。[39] 註釋者提醒我們，祂的憤怒「不是情感上的非理性，而是強調祂的熱誠，祂想恢復被干擾的秩序」。[40] 一位註釋者被迫說，上帝的反應至少顯示「全能者能夠分有人類的感受」。[41] 另一位註釋者審慎地分析，這如何不是忍不住發笑，好像不經思想的條件反射，也不是發洩張力的狂野笑聲，亦不是有惡意和不尊重的嘲笑——而只是笑，「想象性和樂觀，強調個人、生命的相遇和環境幽默的一面，令那些笑的人與他們取笑的對象遠離，同時又吸引周圍的人到自己身邊」。[42] 知道神聖者的笑是這麼考慮周到是好的。事實上，從正確的觀點看，一位註釋者提出：「這首詩的笑與耶穌站在橄欖山時的眼淚是一致的」；[43] 惟一的困難是，好像阿基米德那樣，需要找到一個立足點，以便抱持這樣的觀點。不過，整體來說，我們發現的是，註釋者對神的嘲笑只有很少話說——當然，這是將它「應付過去」的最好方法。

2. 君王宣稱自己有權摧毀列國。人們往往將這殘暴的語言「應付過去」，將它變為只是統治的權利，或者堅持它只是一幅圖畫——例如顯示君王可以多麼輕易制服他的敵人。[44] 對克勞斯來說，這只是表達「普世、審判的絕對能力」的話。[45] 這種語言也可以理解為只是表達可能性。很久以前，貝拉以米內大主教（Cardinal Bellarmine）評論說：「『將他們摔碎』並不表示基督實際會這樣做，而是如果祂想的話，祂可以這樣做；透過祂的憐憫，將他們的罪和不忠粉碎……或者在永恆的火中將他們粉碎」。[46] 這明顯是一種有持久力量的抑制策略，因為在近期得多，安德森也採取同一路線：「**如果需要**，君王會打敗所有敵人」，[47] 埃梅爾東（J. A. Emerton）也是這樣：「如果屬國叛變，君王可能需要粉碎它們，即使他希望自己不用訴諸這種行動」。[48]

3. 神容許的恐怖統治。耶和華在憤怒中譴責列國，在烈怒中使他們害怕，君王以鎮壓威脅他們，詩人勸他們以畏懼和戰兢而「快樂」（？）事奉耶和華，尊敬君王以免祂發怒，因為祂的怒氣快要發作。這首詩有很多憤怒，但也被註釋者「應付過去」。要不是沒有提到臣服的人（常用的方法），就是提出這首詩的暴怒色彩並沒有講述整個故事。例如：「藉著長久、溫柔的忍耐，祂尋求贏得人們順服（雖然這首詩沒有提出祂對待人的這一面），但到了那一刻……沉睡的報應在合適的時刻醒來，由我們不能明白的考慮決定」。[49] 基德納（Derek Kidner）承認：「那急促的憤怒可能好像暴君的易怒，但真正的比較是與基督，祂的憤怒（好像祂的憐憫）在面對『祂同代人視為頗為平靜』的錯事時，便會發作。這幅憤怒的圖畫，需要和『慢慢發怒』的那位的圖畫並列」。[50] 也就是說，充滿這首詩的憤怒，可能是片面的，但要對神有更全面及和諧的看法，它卻是必須的。

4. 詩篇二篇10至12節承認對列國的關注，是與這首詩其餘部分那對外邦君王自己擁有的渴望的麻木忽視連在一起的。有宣稱教導智慧和提供勸告（10 節）的教導，但卻建基於對學生的輕蔑（1 節），並加上欺負（9 節），甚至死刑（12 節）的威脅，這有點令人厭惡。那些威脅實在夠嚴厲，因此很難看到第十節訴諸理性有甚麼利他成分。

不過，註釋者想用勸告吞掉那些威脅，用愛吞掉那些憤怒：

> 在這首詩開始時，詩人宣告上帝的愛，並上帝對那些拒絕這愛的人的憤怒之譴責……上帝的憐憫並不因為祂的憤怒而減弱，但如果這憤怒那可怕的現實被撤走，上帝的愛那光明的真理便會在道德冷漠的暮色中消失。[51]

如果愛被拒絕便帶來譴責，這是一種怎樣的愛？如果不包括憤怒，便會在道德冷漠中消失的愛，是一種怎樣的愛？地獄明顯沒有憤怒，是好像神祇的輕蔑一樣的。關心的聲明和暴力的威脅之間的張力仍然存在，這首詩總會以它開始的地方開始，也就是輕蔑；也總會以它結束的地方結束，也就是所有不尋求在錫安施行統治的神「保護」的人，都要面對死亡。

我們在將這首詩基督教化（「彌賽亞式」）的解釋中，尤其可以看到淡化輪廓，這種解釋想將耶路撒冷的君王和耶穌之間的配合程度最大化；但另一方面又抗拒將基督教的耶穌與外邦人物那清楚的界線模糊。這種解讀對以色列君王的暴力通常都沉默地帶過，強迫和征服的觀念被轉化為神聖者的主權，君王的宣稱被耶和華那至高的主權吞沒，君王被彌賽亞化，轉化為智慧的教師和傳福音的：

> 彌賽亞號召地上的君王和審判官成為 YHWH 統治的僕人。祂教導列國敬畏主，正如祂教導百姓服從主的妥拉（Torah）一樣（在詩篇一篇）。對兩種人，祂都提供比冒犯神聖者的主權更好的路。[52]

或者更複雜地：

> 在最後修訂的觀點中，錫安的（彌賽亞）君王抓著的不是武器，而是話語，藉以推動列國的君王走

> 到上帝國度的路上……這裏的「彌賽亞」君王好像「妥拉的教師」那樣，實現以賽亞書四十二章1、6節，四十九章6節，五十一章4節的終末異象。[53]

註釋者鼓勵我們忘記輕蔑的笑和粉碎的侵略語言帶來的不快，不是嗎？如果我們可以以口中一種良好的味道，以終末的使命和歸信，以及上帝福音的國度結束，我們對這首詩的經驗，一切都會很好，經文也會比它聽起來更正面、更基督教、更人性。

當然，如果事情太艱難，我們總有可能以「批判的」方式放棄經文那些冒犯人的元素，藉著這個方法增強沒有被「批判地」刪去的部分的權威。因此，例如在一篇關於「預備以一首君王詩篇來講道」的文章中，[54] 雅各布森（Delmar L. Jacobson）寫道，在新約對詩篇二篇的使用中，有

> 一種事件的驚人轉變：一種新和相反的方法，不是好像詩篇二篇宣告那樣，帶來彌賽亞的敵人被粉碎，而是好像以賽亞書五十二章14至15節宣告那樣，以色列的敵人感到驚訝。

這新和相反的方法自然是更好的方法；而以色列的君王在文本上被註釋者懲罰，因為他不是彌賽亞耶穌：

> 不過，事實上，事情並非好像詩篇二篇描述那樣……實際上，有一天，大衛王朝的君王自己被「鐵杖」打破，大衛的王國「如同瓦器被摔碎」。

但同時，大衛王朝的君王受到責備，不單是因為他們沒有「下降」（我們可以說）到受苦的僕人那種謙卑的自我犧牲；也因為他們沒有「上升」到詩篇二篇描述的可怕和主宰的榮耀：「繼任的大衛王朝的君王，沒有一個實現好像詩篇二、四十五、七十二和一一〇篇等聖殿詩歌所設想的那樣偉大」。因為以色列的君王沒有實現對世界的統治而遭嚴厲責備，或許是對這首詩的意識形態的終極屈從。暴戾不單沒有甚麼問題——如果你是以色列人——而且真正的錯誤是不夠暴戾。

F. 使刀鋒更鋭利

註釋者一種相反的行動，是全心支持這首詩的殘暴，在它的用字中為他們的極權本能找到理據。我發覺這首詩的輪廓被淡化時，我的抱怨是註釋者改變這首詩的性質；我在這裏的抱怨，則更多是針對這首詩給註釋者的授權和鼓勵。這首詩對它容許的解釋，不需要負上任何責任嗎？

這裏是一個將詩篇二篇的刀鋒變得銳利的例子，在政治領域中仍然牢固：

> 歷史只是延長地展示上帝對人類的驕傲的輕蔑……三百年前，西班牙國王裝備了一隊龐大艦隊，派它對抗英國，懲罰這異端的土地，令它服在教宗的轄下……西班牙人相信他們自己的力量，預計會得勝；但有兩個因素是他們沒有考慮的：一個是英國海員的英勇……另一個遠為重要的因素是坐在天上的那位的輕蔑。祂向西班牙人吹風，他們便分散；祂將強風吹向海上，將西班牙人沿著海道驅趕，令他們進入寒冷的北海……龐大的無敵艦隊中只有五十三人……回到西班牙，只有破碎和沮喪並少得可憐的餘民，講述坐在天上寶座的那一位怎樣取笑和嘲笑他們。[55]

我們應該指出，對這首詩的這個沙文主義式的解釋，不是更不文明的時代某個次要的作者的私人解釋，而是屬於這個世紀英國聖經解釋的主流。這個解釋可以在《講員的聖經》(*The Speaker's Bible*)中找到，這套書由黑斯廷斯(James Hastings)編纂，他也編輯了《釋經時代》(*The Expository Times*)、《聖經辭典》(*The Dictionary of the Bible*)和《宗教及倫理學百科全書》(*The Encyclopaedia of Religion and Ethics*)。這本書出色的編輯表示，《講員的聖經》的目的是「保存現代對聖經的解釋所有值得保存的東西」——這是持重的思想。

這裏是另一個使刀鋒變得銳利的例子：

> 詩篇二篇是其中一首最好的詩。我全心喜愛這首詩。它在君王、王子、顧問和審判官等中間，勇猛地擊打和閃現。如果這首詩說的話是真的，對天主教徒的謊言和愚行的指控和目的也是真的。如果我好像我們的主上帝那樣，將管治權委派給我的兒子，就好像祂將管治權給祂兒子一樣，而這些邪惡的人好像他們現在那樣不順服，我會將世界粉碎。[56]

這當然是路德。這是一個經典例子，顯示這首詩的暴力的惡劣影響，以及利用這首詩作為傳達解釋者自己的憤怒的工具。

G. 拒絕在古代近東的相似中帶出含意

頗多文獻指出這首詩和古代近東文獻的用詞有很多相似之處。[57] 但人們卻沒有看出，希伯來文本與古代近東文本愈相似，便愈有理由相信這首詩代表了好像巴比倫和埃及等世界帝國的意識形態，而大部分論述都表示這些意識形態對希伯來聖經的神學是不利的。

例如：韋瑟承認這首詩的背景（他認為是以色列君王世界性的統治）「抄襲一個外國模式……古代東方大帝國的王室禮儀和它的王室崇拜」，[58] 並「從外國的原型，借用戰勝其他國家和統治全世界……的背景」。[59] 但他想強調

> 如果兩個人說相同的話，那就不是相同的話了。古代東方的神諭透露了一種在歷史上的渴求，即有權勢的君王，透過神聖者的幫助的應許，得到更大力量；不過，強調在於國家的內部事務。另一方面，在

> 舊約，內部歷史事件——在這個背景是錫安的王權——被視為帶有神的旨意（divine will）的，超越歷史，因而完全包括歷史——無論是空間和時間——而那神的旨意衝破限制內部歷史事件的界限……令這些事件成為神審判的藍圖和標記，在空間來說是普世的，而在時間來說則是最終的（終末的）。[60]

不言自明的是，從摩押人的觀點——或者從任何不認同文本的世界的觀點——來看，這都是特別的申辯。如果我們在這首詩中遇到的這種語言在古代近東的相似中象徵對王權的渴望，無偏見的觀察者需要很多勸說才能夠相信它在這首詩中有完全不同的意思。[61]

這裏是另一個例子，這次是來自一位有學識和雄辯的講員，而不是專業的學者：

> 這幅圖畫的下半部是熱切的意向和勉強的努力；上半部則充滿神聖者的平靜……祂毋須從自己在寶坐上的平靜起來，而是對大地的騷動毫不感到困擾。這裏體現的思想，好像從一座山邊雕刻出來的埃及神像表達的那樣，「在異常的安靜中被模塑」，

強而有力的手放在膝上，張開的雙眼注視著在他們腳下爬行的人那些卑微的做法。[62]

因此，我們必須得出結論，對基督徒解釋者來説，埃及的神學畢竟是對的，我們可以因為希伯來詩人有廣闊的視野，向他國家以前的敵人致意而心懷感激。或者，如果放棄那反諷，也要指出有那麼多人可以看到這首詩與古代近東的相似，但卻只有那麼少人看到那意義，不是令人很驚訝嗎？[63]

H. 用美學掩蓋政治

人們往往指出這首詩的「美」和戲劇性力量。例如：

這首歌是這些真正偉大的思想，這些高尚的情感一個高貴的迸發……這是一種完美的歌曲，混合了安息和不安，最佳形式的默想和敏鋭……這首美麗的歌曲必定源自王國最燦爛的時期……[64]

……這首很好但經常被誤解的詩……[65]

……這動人的歌詞……[66]

……這美麗的詩……[67]

第一至三〔節〕出色地立即將我們放入那情景中……詩篇二篇的力量，它的生動，它準確的語言，都很少詩歌能夠比得上。[68]

以崇高的語言，和強大的戲劇性力量，責備〔列國〕的愚妄……[69]

它的作者是文字大師，有很大的詩歌力量和大膽的意念……[70]

這首詩的文學風格有效而富戲劇性。[71]

四段／幕構成了藝術的結構。[72]

第九節的詩句，以戲劇的方式提出這位君王的權威……[73]

不過，到了某個階段，我們不禁想，這種對這首詩的美學質素的同聲讚許，是否系統地將注意力從它的政治意圖和倫理缺失那裏轉移？我不是要對評論者的普遍稱讚持異議，我只是想問：如果我們可以對這文本作出美學判斷，難道我們不能作出道德判斷嗎？[74]

I. 現代的譯本嵌入的意識形態

一定只有很少聖經學者，[75] 不是先讀這首詩的希伯來文版本，而先讀自己語言的現代譯本。但似乎沒有人留意到他們對這首詩的解釋，一定在某些重要的方面被他們成長時接觸的現代聖經版本的意識形態控制和決定。

1. 我們已經看過第一、二和八節使用定冠詞（那〔the〕些外邦、萬民、世上的君王、臣宰、列國、「極」限〔地極〕）將這首詩普世化。學者不質疑這首詩那全面統治的觀念，是因為他們總是已經「知道」它是關於「那」些列國和「那」些萬民嗎？

2. 我也已經指出，將「地」（*'erets*）這個詞翻譯為「世界、地」（world, earth）而不是「土地」（land），同樣預先限制了讀者，甚至熟悉希伯來文的學者，令他們視這首詩為毫不含糊地指統治世界。

3. 另一個輸入這首詩的譯本之意識形態上的決定是，把它看成為關於耶和華的普世主權和祂委派君王統治（例如：NAB 給這首詩的標題是「彌賽亞的普世統治」）。因此，*tero'em*（「打破」一語，9節）——意思毫無疑問是「你會打破」（you will break）（來自 *ra'a'*），是配合「摔破」的平行體讀法（「你會粉碎」〔you will shatter〕，來自 *naphats*）——在 NIV 和 NAB 被讀成 *tire'em*，並翻譯為「你會統治」（you will rule）[76]（雖然在 AV、RV、RSV、JB、NJB、NEB、GNB 都翻譯為「打破」，在 NJPS 則翻譯為「打碎」〔smash〕）。這明顯是基督教化的翻譯——因著新教和羅馬天主教的譯本在當代流行。

4. 或許這首詩的神學和意識形態的解釋，怎樣被嵌入現代英語譯本，並被奉為神聖的最明顯例子是 NIV 的大寫。「受膏者」（"Annointed One"）、「君王」（the "King"）和「兒子」（the "Son"）都不是以色列一個君王的名字（例如：詩四十五1〔NIV〕，詩人為「君王」〔the king〕背誦他的詩，用的是小寫）。這是將這首詩公然基督教化，也是學術傳統的意識形態的另一個例子。

三　倫理的問題

這篇文章的傾向是顯示在詩篇二篇文本的世界本身，以及學者對它的評論中都有倫理的問題——而這些問題一直都在很大程度上被忽略，令這首詩帶出的倫理問題，變得更嚴重。

A. 在文本的世界

這首詩提出的主要倫理問題是：「對民族獨立的主張和民族自決的宣稱，甚麼是恰當的回應？」我們給這個問題的任何回答（實際上是我們對這個主題的任何思想），都主觀地屬於我們，某程度上受我們自己的歷史和社會位置及經驗影響。但如果我們是認真和自主的人，那些思想便是我們的思想，而我認為，它們也因此是我們應該有的惟一觀點。

詩篇二篇說，如果尋求獨立的民族，不是以色列；而且他們尋求脫離的，是以色列的統治，他們便不應該得到獨立。詩人反對，君王反對，神也反對。關於這件事，詩篇二篇的立場相當統一。任何考慮解放運動的民族最好知道這種運動會遭遇抵抗，會被輕蔑。如果運動的領袖有理智的話，他們會謙卑地順從以色列的君王，不冒惹祂發怒的危險。[77]

我自己活在後帝國主義的文化中，對這種態度並不十分欣賞。而且，身為專業地處理這首詩的學者，我認為重要的是清楚表達我對它感到的不安——如果不是為了其他原因，至少是因為我討厭任何人將我的沉默解釋為同意，或者將我對於文本的中立或「客觀的」評語，當為代表我拒絕或不能作出倫理的判斷。

但我相信我對這首詩的不安，比我自己「直覺地」（也就是說，由文化影響，但也由我自己「擁有」）不同意它的方案來得更深刻。因為不單這首詩的意識形態與我（和我贊同的人）的意識形態有衝突，它與它自己文化的其他思想潮流也有衝突——這令它的意識形態變得可疑。簡單來說，以色列很喜歡自己得到解放，但這首詩卻不想任何其他人得到解放——這似乎損害了以色列對民族自由的重視，令它對自由的態度顯得模棱兩可和不一致。以色列的民族自覺，明顯記得自己源自一羣從埃及逃走的奴隸。無論在歷史上，以色列是否真正藉著由帝國領主手中得解放而得以建立，那都是以色列選擇建構自己歷史的方式。現在詩篇二篇沒有明確否定這種對過去的建構，但卻拒絕別人可以擁有類似的歷史，從而隱然否定了這種建構，因而也否定了它自己的解放的價值。

如果詩篇二篇剛好只是推崇一種與希伯來聖經表達的另一個觀點相反的觀點，那也不會那麼糟。如果它這樣做，它是絕對有權的，我們也不會堅持希伯來聖經應該顯示一種統一的意識形態。如果問題只是我們喜歡希伯來聖經對民族自主的另一個觀點，而不是這首詩表達的觀點，那也不會那麼糟，因為我們完全有權這樣做，我們任何人都沒有責任認同希伯來聖經的一切。詩篇二篇的意識形態，對我來說是那麼糟，因為正如我剛剛提到，不單是我不同意它，更是它不能根據以色列自己的自我意識支持它或證明它為合理。

而這就是經文的倫理問題：經文是自欺（bad faith）的行動，嘗試就關於現實的本質的問題，欺騙自己。[78]

B. 在註釋者的世界

在詩篇二篇的註釋者的世界發生的，是其壓抑民族解放運動的意識形態得到肯定和保存。我稱這為加重經文本身的倫理疑惑，因為註釋者身為學者，應該知道得更清楚，他們對自己剛巧要評論的經文應該沒有特定未被承認和未經宣佈的投入（因為他們下星期可能會評論一段頗為不同，而且很可能與這段經文不一致的經文），他們也應該能夠藉著將經文放在一個更大的文化和知識背景中而將經文相對化。或許，詩篇二篇的詩人做自己的事情，提出自己的陳述，說出自己的偏見，好像他喜歡那樣固執己見、不公和憤怒，並不是嚴重的罪行。但這些經文的學者，只能夠評論這段經文多麼有洞見和（以從某種意義來說）「真實」，沒有對它進行任何批判性的評估，卻是令人震驚的事。他們藉著保存經文的宣稱及將他們自己的道德權威給予經文，增加經文的道德疑惑。

任何稱職的註釋者都知道，在舊約神學中，民族自由這個主題是多麼重要，無論是在宣告第二以賽亞的僕人（Deutero-Isaianic servant）的使命（例如：賽六十一 1），詩人的敬虔（例如：詩四十四 2，六十九 18），還是歷史敍事（例如：出三 8；士十 11；尼九 28）。[79] 但在處理非以色列人時，註釋者都壓抑了他們對解放、解救和自由所知道的事——因此他們在經文那缺乏愛的民族中心主義中成了合謀。他們知道希伯來聖經應該支持窮人、弱者、社會地位低下的人、被壓迫的人，但如果那是外族時，他們便忘記了這種取向。他們也知道這首詩的語言呼應殘暴的東方帝國的語言，但他們有意識地將這事實「應付過去」。

現在有些人指出詩篇二篇是詩篇的序言的一部分，為整卷詩篇定下基調和取向。[80] 他們沒有留意到對這首詩的這種立場，令它引起的倫理問題變得更嚴重。如果這首詩抗拒民族自決的宣稱，並將耶路撒冷的君王描述為依從東方暴君的形式統治，對詩篇整體的敬虔便提出一個嚴重的疑問——也就是，這首詩所代表的東西，究竟是普世地有效，可取的那種敬虔；還是它的神學意見，需要從它讀者（無論他們是誰）的立足點受到批評。[81]

還有一個事實是我們現在必須考慮的：詩篇二篇是新約引述得最多的其中一首詩。從倫理的觀點看，這不應該用來支持這首詩的意識形態，而應該令人質疑新約本身——這文本部分地從詩篇二篇的暴力和壓迫取得權威。即使詩篇二篇的互文（intertexts）文本不用「按字面」理解這首詩也沒有關係，因為從倫理的角度看，無論那暴力是按字面還是比喻，都是一樣的。如果彌賽亞的統治是建基於暴力，以及壓抑我們今天視為「別人的合法利益」，那對基督教會構成困難。[82] 簡單來說，新約引述詩篇二篇並沒有使這首詩的倫理合法化，而是令新約變得有問題。

四　聖經讀者的解放運動

直到現時為止，在這篇文章中，討論的主題都是「摩押人」的自由和他們自決的權利。但不單他們的利益和權利被這首詩壓抑，還有讀者。

我們不能否認這首詩有它自己的戲劇和美學力量，而由於宣稱承認那是談及上帝，而且頌揚祂的主權，讀者實在很難不被這首詩威嚇，以致認為它對屬靈實在（spiritual realities）提供有益的洞見。無論這種威嚇是否以「聖經的權威」這個名義出現，無疑大部分讀者，都感到自己沒有自由抗拒這首詩的力量和權威——因此也不能抗拒它的意識形態。不單是虛構的「摩押人」受到束縛，二十世紀末真實的人，也受到這首詩的限制，相信在地上的眾民中，上帝偏好某些人，祂無暇理會寬容這個觀念，而且訴諸暴力解決祂的困難。

但聖經讀者——至少是閱讀好像本文的那種聖經讀者——也受到另一種力量影響，那就是學術羣體的力量，它控制對詩篇可以說的話。撰寫關於這首詩的註釋和學術論文的學者，不單向我們提供經文的背景，或者提供解釋，供我們考慮。他們也控制——這並非太強烈的字眼——對經文的閱讀和解釋。[83] 任何人要宣稱「文本清白」(the innocence of texts) 都已經太遲，無論那是聖經文本還是學者的註釋；每個文本都為自己的利益服務，而且以文本的整個存有，為那目的服務。註釋寫成，止是要告訴我們應該怎樣閱讀詩篇二篇，而它們不約而同地說這首詩是美好、真實、可敬和令人振奮的。它們找不到這首詩有任何缺點。與這被持續堅持和統一的信息（而且往往是下意識地傳遞，因而更有效的）相比，它們在解經細節上，或者好像這首詩的寫作日期上的分歧，實在微不足道。事實上，在評估註釋者之間的不同——這是很多學術著作的主要內容——這行動中，讀者被有系統地從考慮它們的共通點轉移到其他事情上，而那共通點，是與經文合謀的。

在這種情況下，我認為需要的，是讀者的解放運動。[84] 太多讀者受到束縛，要不是受制於經文，就是受制於對經文那些被認可的解釋——或者同時受制於兩者。正如那句話說，只要蹤身一躍，他們便可以自由。好像摩押解放陣線的自由鬥士一樣，除了那些枷鎖外，他們沒有甚麼可以失去；但和摩押的鬥士不同，讀者甚至不需要聯合起來才能夠找到自由——每個人都可以為自己這樣做。

脫離經文和它的專業解釋者的權威，並不表示否定或拒絕他們所說的一切。我們並非必定要否定詩人宣稱抵抗上帝是愚蠢的，或者否定上帝想望人類服從祂的旨意。但脫離這些權威，確實表示有自由自行決定是否接受這些是用來談及神聖者的合適用語。如果相信有神論的人用來表達自己對神聖者的感覺的語言，只能夠是東方專制政治的語言，那輕蔑的神在微小君王那巨大的野心中給他們安慰，並授權國家暴力，以及以恐怖統治對付那些只想能夠自決的人，有神論便實在可悲。

我對這段經文公平嗎？最後重讀這篇文章時我不禁這樣想。我們稱為詩篇二篇的這些皮革上的幾筆墨迹（或者任何東西）——總共只有三百六十五個字母，印出來只有四五行[85]——有甚麼值得這樣不成比例地詳細審視，由一個外國而且明顯懷有敵意的批評者這樣詳細審查？我沒有以我那嚇人的抱懷疑的詮釋（dreadful hermeneutic of suspicion），違反了布思（Wayne Booth）所説的閱讀的「指導原則」：「閱讀別人的作品，要好像你希望別人閱讀你的作品那樣」嗎？我以對在我們之間，經文和我之間的差異的反思，安慰自己。如果我們是同伴，在大致相同的基礎上，我會好像「我想別人怎樣待我」那樣對待別人。但我和這段經文的力量是那麼難以相比，我的聲音只是一點抱怨。經文是一艘遠洋輪船「權威號」(S. S. Authority)，從霧中向我施加壓力，我在自己漏水的小舢板中，嘗試在這沒有導向的意義海洋中航行。這段經文在超過二千年間，受到數以百萬計虔信的人讚美，下意識地支持，特別是教宗的權威，君王的神聖權力，還有大英帝國——即使這首詩所支持的制度不時會改變，但它的力量也不會減弱；另一方面，我對(現世的)不朽這盼望，就只是在美國神學圖書館協會(ATLA)的資料庫中有一個條目。我**需要公平**對待這段經文嗎？

註釋

第1章　詩篇的意識形態

1. Joseph Plevnik, "Honor/Shame," in *Biblical Social Values and their Meaning: A Handbook* , ed. John J. Pilch and Bruce J. Malina (Peabody, MA: Hendrickson Publishers, 1993), 95～104 (96).

第2章　詩篇的詮釋方法論的匯聚（以詩篇二十三篇為例）

1. David J. A. Clines, "The Lord is my Shepherd in East and South East Asia," in *Sino-Christian Studies*, No. 1,

Chung Yuan Christian University, Taiwan, (2006), 37～53.

第3章　安定在眾水之上的世界（詩篇二十四篇）：讀者反應、解構、定製的詮釋

1. 這是在預告那個實際上「該」進入聖所的人，還是那位「有資格」進入聖所的人？
2. 聖潔（Holiness）「既被定義為與上帝、上帝性情相符合之事物，也被解釋為會受不潔之物威脅者。」（David P. Wright, "Holiness〔OT〕" 詞條），見 *The Anchor Bible Dictionary*, ed. David Noel Freedman (New York: Doubleday, 1992), Ⅲ, pp.237～249 (237)。
3. 「我們不能建造一個聖所（聖地），也不能選擇聖所的『位置』，能作的僅僅是找到聖地。」見 G. van der Leeuw, *Religion in Essence and Manifestation*, trans. G. E. Taylor (New York: Harper & Row, 1963), 398。以色列宗教中典型的聖地是「耶和華你們的上帝選擇了甚麼地方作立祂名的居所」（申命記十二章5節），那裏就是上帝的靈顯現的地方。根據申命記十二章13節，以色列人必須「謹慎」不可在自己選擇的地方獻上燔

祭（不能自己選擇聖地）。試比較作者的另一篇文章："Sacred Space, Holy Places and Suchlike," *Trinity Occasional Papers: Essays Presented in Honour of Revd Professors Hans Spykeboer and Bruce Upham*, 12/2 (November, 1993), 19～30。

4. 「綠色」詮釋（"Green" interpretation）已有一段歷史。見兩位謝菲爾德（Sheffield）研究生 Mark Love 和 Ruth Anne Reese 的聖經內部釋經（inner-biblical exegesis）研究論文"'Green' Texts: Recycling in Jude and Zechariah"；這篇論文發表於一九九五年七月在布達佩斯（Budapest）舉行的聖經文獻學會國際會議其中的聖經的文學方法段落。

5. 關於這個概念，見 *Telling Queen Michal's Story: An Experiment in Comparative Interpretation*, ed. David J. A. Clines and Tamara C. Eskenazi; Journal for the Study of the Old Testament Supplement Series, 119 (Sheffield : JSOT Press, 1991), 尤見頁7、61～63。

6. 我在這裏假設大多數的舊約詮釋者領取教會支付的薪水而非由國家付錢。

7. 見 J. M. Neale and R. F. Littledale, *Commentary on the*

Psalms from Primitive and Mediaeval Writers, and from the Various Office-Books and Hymns of the Roman, Mozarabic, Ambrosian, Gallican, Greek, Coptic, Armenian, and Syriac Rites (London: J. Master, 1860～1874)；又見 Louis Jacquet, *Les Psaumes et le coeur de l'homme: Étude textuelle, littéraire et doctrinale* (Gembloux: Duculot, 1975), Ⅰ, 577，與 Jean Daniélou, *The Theology of Jewish Christianity*, The Development of Christian Doctrine before the Council of Nicaea, 1 (London: Darton, Longman & Todd, 1964), 83～84, 210, 259～263。

8. 見《尼哥德慕福音》（*Gospel of Nicodemus*），又稱《彼拉多行傳》（*Acts of Pilate*） II.5(21).1 （希臘文版本），收於 Montaque Rhodes James, *The Apocryphal New Testament, Being the Apocryphal Gospels, Acts, Epistles, and Apocalypses* (Oxford: Clarendon Press, 1924), 132。
9. 我無法追溯此引文的來源。
10. 見 Gregory of Nyssa, *Patrologia Graeca*, XLIV, col.693；又見 Gregory Nazianzus, *Patrologia Graeca*, XXXVI, col.657；與 Ambrose, *De mysteriis*, 35。

11. 莫札拉布的〈彌撒書〉，收錄在 *Patrologia Latina*, LXXXV 中。這個詮釋認為眼前的此刻，耶穌正道成肉身降入世界。可參見三、四世紀時一本引人入勝的小書：*Physiologus*，它是中世紀動物寓言集的原型；在其第一章中，基督以獅子形象出現，我們聽見「那些在高處的不知道祂降生於世並又升上高天，他們問：『誰是那位榮耀的王？』眾天使帶基督來到他們面前並回答：『祂就是美德之主，那榮耀的王。』」（英譯者為 Michael J. Curley）見 *Physiologus* (Austin: University of Texas Press, 1979), 4。在彼得的啟示錄中，「天的門開了」指的是「基督改變形象的時刻」。見 James, *The Apocryphal New Testament*, 519。

第4章　詩篇二篇與「摩押解放陣線」

1. 或許應提說三篇角度不一樣的文章：Hans Klein, "Zur Auslegung von Psalm 2. Ein Beitrag zum Thema: Gewalt und Gewaltlosigkeit," *Theologische Beiträge* 10 (1979), 63～71；以及較早期的 Bernhard Duhm, *Die Psalmen*, Kurzer Hand-Kommentar zum Alten

Testament, 14 (Freiburg i.B.: J. C. B. Mohr [Paul Siebeck], 1899), 9 和 Hermann Gunkel, *Die Psalmen, übersetzt und erklärt*, Handkommentar zum Alten Testament, II/2 (Göttingen: Vandenhoeck & Ruprecht, 5th edn, 1968 [original edn, 1892]), 10。

2. J. Cheryl Exum, *Fragmented Women: Feminist (Sub) versions of Biblical Narrative*, Journal for the Study of the Old Testament Supplement Series, 163 (Sheffield: JSOT Press, 1993), 176～177.
3. 兩個民族在宗教上的分別，參 Julius Wellhausen 的評論："Moab," in *Encyclopedia Britannica*, ed. W. Robertson Smith (Edinburgh: A. & C. Black, 9th edn, 1878), XVI, 533～536 (535)。
4. Bernard Gosse 更留意與以東（Edom）的關係（參 "Le Psaume 2 et l'usage rédactionnel des Oracles coutre les Nations à l'époque post-exilique," *Biblische Notizen* 62 [1992], 18～24）。
5. 參 Heinrich A. von Ewald 不同的見解：*Commentary on the Psalms*, trans. E. Johnson (London: Williams & Norgate, 1880), 148。

6. Alexander Maclaren, *The Psalms*, The Expositor's Bible (London: Hodder & Stoughton, 1893), I, 13.
7. 參 David J. A. Clines, "The Parallelism of Greater Precision. Notes from Isaiah 40 for a Theory of Hebrew Poetry," in *New Direction in Hebrew Poetry*, ed. Elaine R. Follis, Journal for the Study of the Old Testament Supplement Series, 40, (Sheffield: JSOT Press, 1987), 77～100。
8. Arthur Weiser, *The Psalms: A Commentary*, Old Testament Library, trans. Herbert Hartwell (London: SCM Press, 1962), 111.
9. Weiser, *Psalms*, 111；另參以下二人的觀點：A. A. Anderson, *The Book of Psalms. Volume I: Introduction and Psalms 1～72*, New Century Bible (London: Oliphants, 1972), 64～65 及 Siegfried Wagner, "Das Reich des Messias. Zur Theologies der alttestamentlichen Königspsalmen," *Theologische Literaturzeitung* 109 (1984), cols. 865～874 (870)。
10. Weiser, *Psalms*, 114.
11. Weiser, *Psalms*, 114.

12. 參 Anderson 的不同見解：*The Book of Psalms*, 65。

13. 參以下二人的觀點：Anderson, *The Book of Psalms*, 69 以及 A. F. Kirkpatrick, *The Book of Psalms, with Introduction and Notes*, Cambridge Bible (Cambridge: Cambridge University Press, 1891), 11。

14. 也參 Winfried Thiel 的觀點："Der Weltherrschafts-anspruch des judäischen Königs nach Psalm 2," in *Theologische Versuche* 3 (1971), 53～63 (59)。

15. 參例如：José J. Alemany, "Interpretación mesiánica del salmo 2," *Cultura Bíblica* 32 (1975), 255～277 (268)。

16. John Eaton, *Psalms: Introduction and Commentary*, Torch Commentary (London: SCM Press, 1967), 32.

17. Eaton, *Psalms*, 32.

18. Eaton, *Psalms*, 33.

19. John I. Durham, "Psalms," in *The Broadman Bible Commentary*, ed. Clifton J. Allen (London: Marshall, Morgan & Scott, 1972), IV, 153～464 (174).

20. Erich Zenger, in Frank-Lothar Hossfeld and Erich Zenger, *Die Psalmen I: Psalm 1～50*, Die Neue Echter Bibel, 29 (Würzburg: Echter Verlag, 1993), 49.

21. 參 James W. Watts, "Psalm 2 in the Context of Biblical Theology," *Horizons in Biblical Theology* 12 (1990), 73～91。

22. Zenger, in Hossfeld and Zenger, *Die Psalmen I*, 54.

23. Durham, "Psalms," 174；另參 Charles Augustus Briggs and Emilie Grace Briggs, *A Critical and Exegetical Commentary on The Book of Psalms*, International Critical Commentary (Edinburgh: T. & T. Clark, 1906), I, 14。

24. Anderson, *The Book of Psalms*, 64.

25. Anderson, *The Book of Psalms*, 63.

26. Eaton, *Psalms*, 31.

27. 詳參 David J. A. Clines, "World Dominion in Psalm 2?"（將完成）。

28. Duhm, *Psalmen*, 5.

29. 參以下二人對「地」（land）的見解：T. K. Cheyne, *The Book of Psalms, Translated from a Revised Text with Notes and Introduction* (London: Kegan Paul, Trench , Trübner & Co., 1904), I, 6；Isaiah Sonne, "The Second Psalm," *Hebrew Union College Annual* 19 (1945～46), 43～55 (45 n.3)。

30. 參Peter C. Craigie, *Psalms 1～50*, Word Biblical Commentary, 19 (Waco, TX: Word Books, 1983), 68。

31. J. A. Emerton, "The Translation of the Verbs in the Imperfect in Psalm ii. 9," *Journal of Theological Studies* ns 29 (1978), 497～503.

32. 參以下二人的觀點：Bod Becking, " 'Wie Töpfe sollst du sie zerschmeiβen' : Mesopotamische Parallelen zu Psalm 2,9b," *Zeitschrift für die alttestamentliche Wissenschaft* 102 (1990), 59～79；John T. Willis, "A Cry of Defiance—Psalm 2," *Journal for the Study of the Old Testament* 47 (1990), 33～50 (45)。

33. Zenger, in Hossfeld and Zenger, *Die Psalmen I*, 50～51。曾提出此類觀點的：Duhm, *Psalmen*, 10～11 及 Marco Treves, "Two Acrostic Psalms," *Vetus Testamentum* 15 (1965), 81～85。較現代的趨勢參 Erhard S. Gerstenberger, *Psalms: Part 1, with an Introduction to Cultic Poetry*, The Forms of the Old Testament Literature, 14 (Grand Rapids: Eerdmans, 1988), 48。

34. 參 Heather A. Mckay, *Sabbath and Synagogue: The Question of Sabbath Worship in Ancient Judaism*,

Religions in the Graeco-Roman World, 122 (Leiden: E. J. Brill, 1994), 48。

35. Gerstenberger, *Psalms: Part 1*, 49.

36. Cheyne, *Psalms*, I, 5.

37. Hans-Joachim Kraus, *Psalms 1～59: A Continental Commentary*, trans. Hilton C. Oswald (Minneapolis; Fortress Press, 1993), 128.

38. Kraus, *Psalms 1～59: A Continental Commentary*, 129.

39. R. Bellarmine (d. 1621), *A Commentary on the Book of Psalms*, trans. John O' Sullivian (Dublin: James Duffy, 1866), 3.

40. Zenger, in Hossfeld and Zenger, *Die Psalmen I*, 53.

41. Anderson, *Psalms*, I, 66.

42. Louis Jacquet, *Les Psaumes et le coeur de l'homme: Étude textuelle, littéraire et doctrinale* (Gembloux: Duculot, 1975), I, 230～231.

43. Maclaren, *Psalms*, I, 16.

44. Jacquet, *Les Psaumes*, 236.

45. Kraus, *Psalms 1～59*, 133.

46. Bellarmine, *Psalms*, 4.

47. Anderson, *Psalms*, I, 68（強調為筆者所加）。

48. Emerton, "The Translation of the Verbs," 503.

49. Maclaren, *Psalms*, I, 16.

50. Derek Kidner, *Psalm 1～72*, Tyndale Old Testament Commentaries, (London: Inter-Varsity Press, 1973), 53.

51. R.M Benson, *The War-Songs of the Prince of Peace: A Devotional Commentary on the Psalms* (London: John Murry, 1901) ,I, 70～71.

52. James Luther Mays, " 'In a Vision' : The Portrayal of the Messiah in the Psalms," *Ex Auditu* 7 (1990), 1～8 (3).

53. Zenger, in Hossfeld and Zenger, *Die Psalmen I*, 54.

54. Delmar L. Jacobson, "The Royal Psalms and Jesus Messiah: Preparing to Preach on a Royal Psalm," *Word and World* 5 (1985), 192～198 (197, 198).

55. David Smith, "Biblical Laughter," *The Expository Times* 12 (1900～1901), 546～549 (548～549)，載於 *The Speaker's Bible. The Book of Job. Psalms I* (ed. James Hastings; Aberdeen ; The "Speaker's Bible" Office, 1924), 285～286。

56. 援引自路德的《桌邊談》（*Table Talk*）。

57. 參例：Gerhard von Rad, "The Roryal Ritual in Judah," in *The Problem of the Hexateuch and Other Essays*, trans. E. W. Trueman Dicken (Edinburgh: Oliver & Boyd, 1966), 222～231；Thiel, "Der Weltherrschafts-anspruch,"；Victor Sasson, "The Language of Rebellion in Psalm 2 and the Plaster Texts from Deir 'Alla'," *Andrews University Seminary Studies* 24 (1986), 147～154；Albert Kleber, "Ps. 2:9 in the Light of an Ancient Oriental Ceremony," *Catholic Biblical Quarterly* 5 (1943), 63～67。另參 Gunkel, *Die Psalmen*, 8 的總結。

58. Weiser, *Psalms*, 110.

59. Weiser, *Psalms*, 113；類似的：Zenger, in Hossfeld and Zenger, *Die Psalmen I*, 53。

60. Weiser, *Psalms*, 114.

61. Thiel, " Der Weltherrschaftsanspruch," 58 有類似的觀察。

62. Maclaren, *Psalms*, I, 15.

63. 參 Winfried Thiel 的觀點："Der Weltherrschafts-anspruch"。

64. Ewald, *Commentary on the Psalms*, 148, 149.

65. Gunkel, *Die Psalmen*, 5.

66. Maclaren, *Psalms*, I, 11.

67. Hans Schmidt, *Die Psalmen*, Handbuch zum Alten Testament, I/15 (Tübingen: J. C. B. Mohr [Paul Siebeck], 1934), 6.

68. Duhm, *Psalmen*, 5, 10.

69. W. T. Davison, *The Psalms, I～LXXII*, Century Bible (Edinburgh: T. C. & E. C. Jack, n.d.), 50.

70. Weiser, *Psalms*, 109.

71. Craigie, *Psalms* 1～50, 67.

72. Zenger, in Hossfeld and Zenger, *Die Psalmen I*, 49.

73. Craigie, *Psalms 1～50*, 67.

74. 參 Wayne C. Booth, *The Company We Keep: An Ethics of Fiction* (Berkeley: University of California Press, 1988)。

75. 以希伯來語為母語者除外。

76. Briggs and Briggs, *Psalms*, I, 22.

77. 參例：A. A. Macintosh, "A Consideration of the Problems Presented by Psalm ii, 11 and 12," *Journal of Theological Studies* ns 27 (1976), 1～14.

78. 參 Jean-Paul Sartre, *Being and Nothingness: An Essay on Phenomenological Ontology*, trans. Hazel E. Barnes

(London: Routledge, 1991) (original edition, 1943), 47～70；Roger Poole, *The Harper Dictionary of Modern Thought*, ed. Alan Bullock and Stephen Trombley (New York: Harper & Row, q988), 67。

79. 我們一般的標準聖經百科全書只關注個人的自由或被擄。

80. 參 Erich Zenger, "Der Psalter als Wegweiser und Wegbegleiter: Ps 1～2 als Proömium des Psalmenbuchs," in *Sie wandern von Kraft zu Kraft: Aufbrüche, Wege, Begegnungen. Festgabe für Bischof Reinhard Lettmann*, ed. Arnold Angenendt and Herbert Vorgrimler (Kevelaer: Butzon & Bercker, 1993), 29～47；A. Deissler, "Die Stellung von Psalm 2 im Psalter. Folgen für die Auslegung," in *Beiträge zur Psalmenforschung*, Forschung zur Bibel, 60 (Würzburg: Echter Verlag, 1988), 73～83.

81. 參 Gosse 的論點："Le Psaume 2 et l'usagerédactionnel"。

82. 以敬虔偽裝的暴力語言，參 Peter Young, "The Book of Psalms," in *The Old Testament according to the Authorised Version: Poetical Books* (London: Society for

Promoting Christian Knowledge, 1878)。

83. 因而筆者教授詩篇時，起初會禁止學生看任何參考書，只單單閱讀經文。

84. 參 Terry Eagleton, *Against the Grain: Essays 1975～1985* (London: Verso, 1986)。

85. 可參希伯來文聖經。

緊扣時代 服事教會

以文字傳揚基督真道

讀者意見表

衷心多謝你購買本社書籍。本社一直致力以出版事工服事教會，幫助信徒扎根於神的話語，促進靈命增長。為使我們的出版更能滿足你的需要，請填寫下列各項資料，並寄回或傳真予本社。

所購書籍：________________

本書最吸引你的地方：

□作者 □適切性 □文筆 □設計 □實用性

□其他：________________

購買本書地點：

□基道書樓 □基督教書店 □非基督教書店

性別：□男 □女 職業：________________

信仰：□基督徒 □非基督徒

年齡：□ 16 歲或以下 □ 17～25 歲 □ 26～35 歲
□ 36～55 歲 □ 56 歲或以上

學歷：□中三或以下 □中五 □預科
□大學 □研究院

□我欲更多了解基道出版社的事工及考慮支持，請寄給我下列資料：

□機構簡介 □新書資料 □基道會員通訊

□《基道文字事工通訊》

姓名：________________ 電話：________________

地址：________________

____

傳真：________________ 電子郵件：________________

其他意見：________________

____

多謝賜教！

意見表可以傳真（2687-0281）或直接郵寄以下地址：
香港沙田火炭坳背灣街26號富騰工業中心1011室
基道出版社編輯部收